Eine Arbeitsgemeinschaft der Verlage

Böhlau Verlag · Wien · Köln · Weimar
Verlag Barbara Budrich · Opladen · Toronto
facultas.wuv · Wien
Wilhelm Fink · München
A. Francke Verlag · Tübingen und Basel
Haupt Verlag · Bern
Verlag Julius Klinkhardt · Bad Heilbrunn
Mohr Siebeck · Tübingen
Nomos Verlagsgesellschaft · Baden-Baden
Ernst Reinhardt Verlag · München · Basel
Ferdinand Schöningh · Paderborn · München · Wien · Zürich
Eugen Ulmer Verlag · Stuttgart
UVK Verlagsgesellschaft · Konstanz, mit UVK/Lucius · München
Vandenhoeck & Ruprecht · Göttingen · Bristol
vdf Hochschulverlag AG an der ETH Zürich

Bruno Kern

Theologie der Befreiung

A. Francke Verlag Tübingen und Basel

Dr. theol. *Bruno Kern*, M.A. arbeitet als Lektor und Übersetzer theologischer Literatur; er ist Autor einschlägiger Literatur zum Thema („Werkbuch Theologie der Befreiung“, „Theologie im Horizont des Marxismus“ ...).

Bibliografische Information der Deutschen Nationalbibliothek

Die Deutsche Nationalbibliothek verzeichnet diese Publikation in der Deutschen Nationalbibliografie; detaillierte bibliografische Daten sind im Internet über http://dnb.dnb.de abrufbar.

Dischingerweg 5 · D-72070 Tübingen

Gedruckt auf chlorfrei gebleichtem und säurefreiem Werkdruckpapier.

Internet: http://www.francke.de
E-Mail: info@francke.de

Einbandgestaltung: Atelier Reichert, Stuttgart
Satz: Informationsdesign D. Fratzke, Kirchentellinsfurt
Druck und Bindung: fgb · freiburger graphische betriebe
Printed in Germany

UTB-Band-Nr.: 4027
ISBN 978-3-8252-4027-1

Inhalt

Theologie der Befreiung – Befreiung der Theologie

> … dann sind wir davon überzeugt, wir und Sie, dass die Theologie der Befreiung nicht nur opportun ist, sondern nützlich und notwendig. Sie soll eine neue Etappe … jener theologischen Reflexion sein, die mit der apostolischen Überlieferung begann, sich mit den großen Kirchenvätern und Kirchenlehrern fortsetzte, mit dem ordentlichen und außerordentlichen Lehramt, und, in neuester Zeit, mit dem reichen Schatz der katholischen Soziallehre. (Papst Johannes Paul II., Brief an die brasilianischen Bischöfe vom März 1986 [Johannes Paul II.: 280–281])

Es ist ein einmaliger Vorgang innerhalb der mehr als zweitausendjährigen Geschichte der christlichen Kirchen: Zum ersten Mal entsteht ein grundlegender theologischer Neuansatz, ein neues Paradigma für das theologische Denken insgesamt, an der Peripherie der Weltgesellschaft und an der Peripherie der Kirche. Die eigentlichen Subjekte dieser Glaubensreflexion sind nicht in erster Linie die professionellen Theologinnen und Theologen, sondern die gläubigen Armen und Marginalisierten, die in vielfältigen Formen der Selbstorganisation ihr eigenes Geschick in die Hand nehmen. Ihr gesellschaftspolitisches Handeln im Licht der Glaubenstradition ist der Nährboden eines neuen theologischen Denkens. Die befreiende historische und gesellschaftliche Praxis wird hier zum theologischen Ort, zum methodischen Ausgangspunkt und zum Kriterium der Theologie. Die akademische Theologie hat demgegenüber eine unverzichtbare, jedoch dienende Rolle. Als „organische Intellektuelle“ im Sinne Antonio Gramscis nehmen die Theologinnen und Theologen an dieser gesellschaftsverändernden Praxis teil, tragen zu deren Selbstaufklärung bei und artikulieren dieses neue Glaubensverständnis so, dass es innerhalb der Weltkirche und Weltgesellschaft seine befreiende Wirkung entfalten kann.

Die Theologie der Befreiung hat einen *universalen hermeneutischen Anspruch*. Sie versteht sich weder als „Genitivtheologie“ eines bestimmten partiellen Wirklichkeitsbereiches noch als eine „kontextuelle Theologie“, die nur für einen bestimmten regionalen bzw. kulturellen Raum Geltung beanspruchen würde. Sie will eine neue

Perspektive der Theologie insgesamt sein, ein neuer Horizont, „aus dem heraus der Gesamtinhalt des Glaubens gedacht wird, mit dem Ziel, die Geschichte zu verändern“ (L. Boff 1982: 186).

Die Theologie der Befreiung hat zu zentralen Themen der Theologie wichtige und innovative Beiträge geleistet: zur Gotteslehre, zur Christologie etc. ebenso wie zur Bibelhermeneutik. Fundamentaltheologisch entscheidend aber ist ihre Reformulierung des Selbstverständnisses der Theologie insgesamt, ihre völlig *neue Art, Theologie zu treiben*. Sie versteht sich konsequent als Theologie unter dem Primat der Praxis, das heißt, sie nimmt die Reflexion ihres praktischen Entstehungs- und Verwendungszusammenhanges in ihre methodische Reflexion auf. Sie verabschiedet sich von der lange herrschenden Vorstellung, man könne Theologie subjektlos betreiben. Sie reflektiert ihren eigenen gesellschaftlichen Standort und will so die Gefahr vermeiden, unbewusst, „von hinten“ ideologisch aufgeladen zu werden. In vieler Hinsicht löst die Theologie der Befreiung erst das ein, was etwa die europäische „Politische Theologie“ als Postulat formuliert und selbst nicht konsequent genug umgesetzt hat. Das gilt zu allererst für ihr methodisches Vorgehen, das die sozial-ökonomische Analyse zum Ausgangspunkt wählt. Damit macht sie Ernst mit dem Anspruch einer „nachidealistischen“ Theologie und der Einsicht des historischen Materialismus, der alle gesellschaftlichen Sphären „in letzter Instanz“ darauf zurückbezieht, wie die Menschen als gesellschaftliche Subjekte in Auseinandersetzung mit der Natur ihre materiellen Existenzbedingungen schaffen.

Die Wirkungsgeschichte der Befreiungstheologie ist atemberaubend. Weit über den lateinamerikanischen Subkontinent hinaus hat sie Theologinnen und Theologen der Dritten Welt inspiriert und für ein neues Selbstbewusstsein der Glaubensreflexion an der Peripherie gesorgt. Die befreiungstheologisch orientierte *Ecumenical Association of Third World Theologians* (EATWOT) ist nur ein Beispiel für den Einfluss dieses neuen theologischen Denkens. In Asien und Afrika fand die lateinamerikanische Befreiungstheologie ihr Echo in vergleichbaren theologischen Aufbruchsbewegungen mit ihrem jeweils eigenen Profil. Aber auch auf weltkirchlicher Ebene wurden zentrale Einsichten der Befreiungstheologie rezipiert. So etwa ist die allererst in Lateinamerika formulierte „vorrangige Option für die Armen“ als gesellschaftliche Standortbestimmung aus dem sozialethischen Diskurs nicht mehr wegzudenken.

Obwohl auf dem „katholischen" Kontinent entstanden, war die Befreiungstheologie von Anfang an mehr als ein innerkatholisches Phänomen. Protestantische Befreiungstheologen (J. Miguez-Bonino, Rubem Alves, Elsa Tamez …) haben ihr Profil entscheidend mitgeprägt, und die Resonanz innerhalb des weltweiten Protestantismus ist beachtlich (Duchrow 2013: 173–181). Der interreligiöse Dialog hat der Befreiungstheologie in vieler Hinsicht vergleichbare Strömungen im Islam, im Judentum und im Buddhismus zutage gefördert (vgl. vor allem Duchrow 2013: 182–204). Und weit über die Grenzen von Theologie, Kirche und Religionen hinaus hat die Befreiungstheologie gesellschaftspolitische Relevanz entfaltet. Sie wird von Kirche und Religion fernstehenden Kreisen ernst genommen und rezipiert, sie hat ein gesellschaftspolitisches Engagement gefördert und begleitet, das von jeder integralistischen Vereinnahmung und kirchlichen Bevormundung bereits in Selbstverständnis und Methode absieht, und sich als dialogfähig mit säkularen Kräften erwiesen, die in ihrer Letztmotivation auf keinerlei religiöse Tradition zurückgreifen. Heute ist die Befreiungstheologie zum Beispiel ein wichtiger Teil jenes breiten globalisierungskritischen Bündnisses, das sich in den Weltsozialforen artikuliert. Die Kehrseite dieser gesellschaftspolitischen Relevanz ist allerdings die erbitterte Gegnerschaft bestimmter politischer Kräfte innerhalb und außerhalb der Kirche gegen die Befreiungstheologie und ihre Vertreter, unter die inzwischen zahlreiche Blutzeugen um des Reiches Gottes und seiner Werte von Gerechtigkeit und Solidarität willen zu zählen sind. Die Vitalität dieses theologischen Neuansatzes bewährte sich jedoch nicht zuletzt daran, dass er sich als fähig erwiesen hat, über die ursprünglichen Fragestellungen hinaus die großen Herausforderungen unserer planetarischen Weltgesellschaft und die alles entscheidende Frage der Erhaltung der natürlichen Lebensgrundlagen theologisch zu integrieren. Das Hoffnungspotenzial der Theolcgie der Befreiung ist auch ein halbes Jahrhundert nach ihrer Entstehung längst nicht ausgeschöpft, und aus dem Spektrum der gegenwärtigen theologischen Reflexion ist sie mittlerweile nicht mehr wegzudenken.

I Voraussetzungen

1 Die innerkirchliche Entwicklung seit dem Zweiten Vatikanischen Konzil

„Heute ist die Kirche in besonderer Weise eine Kirche der Armen." (Papst Johannes XXIII. in einer Radiobotschaft vom 11. Oktober 1962)

Das Pontifikat Johannes' XXIII. und vor allem das Zweite Vatikanische Konzil stellten für die katholische Kirche weltweit eine Zäsur dar und trugen wesentlich zu dem Klima bei, innerhalb dessen die Theologie der Befreiung gedeihen konnte. Die durch den Kalten Krieg bedingte apologetische Abwehrhaltung gegenüber dem Marxismus wich einer Atmosphäre des Dialogs. Mit seiner programmatischen Enzyklika *Mater et Magistra* leitete Johannes XXIII. eine bemerkenswerte Wende innerhalb der katholischen Soziallehre ein. Das im 19. Jahrhundert entwickelte Naturrechtsdenken wurde abgelöst durch eine eher im romanischen Sprachraum verankerte, in der französischen katholischer Arbeiterjugend formulierte methodische Herangehensweise an gesellschaftliche Fragen, die den methodischen Dreischritt der Befreiungstheologie von *Sehen, Urteilen und Handeln* in gewisser Weise vorwegnahm.

> Die Grundsätze der Soziallehre lassen sich gewöhnlich in folgenden drei Schritten verwirklichen: Zunächst muss man den wahren Sachverhalt überhaupt richtig sehen; dann muss man diesen Sachverhalt anhand dieser Grundsätze gewissenhaft bewerten. Schließlich muss man feststellen, was man tun kann und muss, um die überlieferten Normen nach Ort und Zeit anzuwenden. Diese drei Schritte lassen sich in drei Worten ausdrücken: sehen, urteilen, handeln. (Mater et Magistra, 236)

Die veränderte Haltung des kirchlichen Lehramtes ermutigte in Europa Initiativen wie etwa die Gespräche der Paulusgesellschaft zwischen hochrangigen Vertretern des Marxismus und Theologen. Auch auf protestantischer Seite fand dies seine Entsprechung, etwa in der Initiative des Weltkirchenrates *Kirche und Gesellschaft.*

Das Zweite Vatikanische Konzil formulierte in seiner Pastoralkonstitution *Gaudium et spes* einerseits ein grundsätzlich solidarisches Weltverhältnis und betonte andererseits die relative Autonomie der Wirklichkeitsbereiche, was die Möglichkeit eröffnete, sich gesellschaftlichen Strukturen in ihrer eigenen Rationalität zuzuwenden. Mit dem Begriff „Zeichen der Zeit“ lieferte das Konzil ein wichtiges Stichwort, das dazu ermutigte, sich den gesellschaftlichen Herausforderungen zuzuwenden, nach neuen Antworten darauf zu suchen und sie im Licht der Heilsgeschichte zu deuten. Nach dem Konzil regte dieses Stichwort eine sehr lebhafte Suchbewegung nach einer „Theologie der Zeichen der Zeit“ an, die der Theologie der Befreiung in gewisser Weise den Boden bereitete. Es blieb allerdings der Theologie der Befreiung vorbehalten, das mit „Zeichen der Zeit“ umschriebene Postulat methodisch reflektiert einzulösen.

> Zur Erfüllung dieses ihres Auftrags obliegt der Kirche allzeit die Pflicht, nach den Zeichen der Zeit zu forschen und sie im Licht des Evangeliums zu deuten. (Gaudium et spes, 4)

Die bis dahin geltende ausschließlich hierarchische Auffassung der Kirche wurde zumindest relativiert, indem die Kirche grundsätzlich als Volk Gottes verstanden wurde, dem gegenüber die Unterscheidung von Klerikern und Laien sekundär ist. Vor allem aber erfuhren die einzelnen Ortskirchen eine Aufwertung, die den eigenständigen Weg der lateinamerikanischen Kirche in den folgenden Jahrzehnten fördern sollte.

> Freude und Hoffnung, Trauer und Angst der Menschen von heute, besonders der Armen und Bedrängten aller Art, sind auch Freude und Hoffnung, Trauer und Angst der Jünger Christi. (Gaudium et spes, 1)

Auf der offiziellen Konzilsagenda spielte das Thema „Kirche der Armen“ allerdings kaum eine Rolle. Es blieb einer Gruppe von Bischöfen vorbehalten, diese brennende Frage am Rand des Konzils miteinander zu erörtern. Ein prominentes Mitglied dieser Gruppe aus Lateinamerika war der Erzbischof von Olinda und Recife, Dom Hélder Câmara. Im sogenannten *Katakombenpakt* verpflichteten sich diese Bischöfe am Ende des Konzils feierlich, persönlich in Armut zu leben, auf kirchliche Privilegien zu verzichten und das pastorale Handeln an der Situation der Armen zu orientieren.

Entscheidend aber für die Entfaltung der Theologie der Befreiung war die eigenständige Rezeption des Konzils durch die lateinamerikanische Ortskirche, wie sie sich vor allem in den Schlussdokumenten der Zweiten und Dritten Generalversammlung des lateinamerikanischen Episkopates in *Medellín* (1968) bzw. *Puebla* (1979) manifestierte. In diesen beiden Dokumenten wird die Situation der Bevölkerungsmehrheiten in Lateinamerika als Ergebnis von Strukturen der Abhängigkeit, Ungerechtigkeit und Unterdrückung beschrieben. Nicht mehr – wie bisher auch innerkirchlich üblich – die ganzheitliche „Entwicklung" ist das positive Gegenbild zur herrschenden Situation, sondern „Befreiung". Dies bedeutet eine implizite Absage an den „desarallismo", an jene Entwicklungsideologie also, die die wirtschaftliche und soziale Situation als ein retardiertes Entwicklungsstadium im Vergleich zu den industrialisierten Zentren sah. Der methodische Dreischritt von Sehen, Urteilen und Handeln wird bekräftigt. Die vorrangige und solidarische Option für die Armen wird theologisch (!) begründet und nicht einfach als pastorale Notwendigkeit beschrieben. Die Armen sind der entscheidende Maßstab der Nachfolge Jesu. Vor allem aber werden sie selber in ihrem evangelisatorischen Potenzial, nicht als pastoral Betreute, sondern als Subjekte der Evangelisierung beschrieben. Und schließlich werden die Kirchlichen Basisgemeinden als die Keimzellen der Kirche, Quelle der Evangelisierung und aktueller Hauptfaktor der menschlichen Entwicklung in ihrem Engagement bestärkt. Nach Jahrzehnten wachsenden Widerstandes innerhalb der lateinamerikanischen Hierarchie fand die Fünfte Generalversammlung der Bischöfe in *Aparecida* (2007) wieder zu diesen Ursprungsimpulsen zurück.

> Im Glauben rufen wir aus: „Jesus Christus ist […] menschliches Antlitz Gottes und göttliches Antlitz des Menschen." Deshalb „ist die bevorzugte Option für die Armen im christologischen Glauben an jenen Gott implizit enthalten, der für uns arm geworden ist, um uns durch seine Armut reich zu machen". Diese Option hat ihren Ursprung in unserem Glauben an Jesus Christus, den menschgewordenen Gott, der unser Bruder wurde (vgl. Hebr 2,11–12). (Aparecida, 392)

Die Parteinahme der lateinamerikanischen Kirchenhierarchie blieb nicht ohne Widerhall auf der weltkirchlichen Ebene. Sechs Jahre nach Medellín griff Papst Paul VI. in seiner Enzyklika *Evangelii nuntiandi* den Begriff der Befreiung auf.

> Die Kirche hat, wie die Bischöfe erneut bekräftigen, die Pflicht, die Befreiung von Millionen Menschen zu verkünden, von denen viele ihr selbst angehören; die Pflicht zu helfen, dass diese Befreiung Wirklichkeit wird, für sie Zeugnis zu geben und mitzuwirken, damit sie ganzheitlich erfolgt. Dies steht durchaus in Einklang mit der Evangelisierung. (Evangelii nuntiandi, 30)

Mit dem Pontifikat Johannes Pauls II. und der Ernennung Kardinal Ratzingers zum Präfekten der Glaubenskongregation setzte allerdings auf weltkirchlicher Ebene eine Kehrtwende ein. Das Zweite Vatikanische Konzil wurde zunehmend im Sinne der damaligen Konzilsminderheit interpretiert. Die Instruktion der Glaubenskongregation *Über einige Aspekte der Theologie der Befreiung, Libertatis Nuntius* (1984) war von pauschalen Verdächtigungen und scharfer Polemik geprägt. Der Vorwurf einer undifferenzierten Übernahme marxistischer Kategorien stand dabei im Zentrum. Dieser Konfrontationsstrategie folgte eine Strategie der Vereinnahmung, die einzelne Termini aus der Befreiungstheologie aufgriff, sie aber ihres ursprünglichen Gehaltes beraubte. Die Instruktion der Glaubenskongregation *Über die christliche Freiheit und Befreiung, Libertatis conscientia* (1986) sowie der Brief des Papstes an die brasilianischen Bischöfe (siehe oben S. 7) können in diesem Sinne interpretiert werden. Der „Option für die Armen" setzte man etwa auf gleicher Ebene eine „Option für die Jugend" entgegen und stufte sie damit auf eine bloße pastorale Priorität herab. Maßregelungen und Disziplinarmaßnahmen gegen einzelne Theologen (z. B. ein über Leonardo Boff verhängtes einjähriges „Bußschweigen") sowie eine entsprechende Personalpolitik ergänzten diese lehramtlichen Offensiven.

Basislektüre

Prien 2007.

2 Theologische Voraussetzungen

Karl Rahners Transzendentaltheologie ist im katholischen Raum bahnbrechend und bildet theologiegeschichtlich die Voraussetzung für jede Art von Theologie, die die konkrete geschichtliche Situation des gläubigen Subjektes in die Glaubensreflexion mit einbezieht. Rahner leitet eine „anthropologische Wende" in der Theologie ein und sprengt jedes objektivistische metaphysische Denken auf das Subjekt hin auf. Er greift die neuzeitliche Fragestellung nach den Bedingungen der Möglichkeit von Denken und Handeln im Subjekt selber auf und wendet sich vor jeder positiven Auslegung des Offenbarungswortes dem „Hörer des Wortes" zu. Theologie ist für Rahner radikal genug gedachte Anthropologie, und umgekehrt wird jede konsequent zu Ende gedachte Anthropologie zur Theologie. Die Daseinsvollzüge des Menschen sind bereits ermöglicht und getragen von einer inneren Dynamik auf Gott hin. Dieser Ansatz erweist sich für zentrale Themen der Theologie als äußerst fruchtbar. Rahner überwindet das alte „Zwei-Stockwerk-Denken" in der Gnadentheologie. Gnade, verstanden als die Selbstmitteilung Gottes an den Menschen, ist dem Menschen nichts Äußerliches, sondern gerade das innere Moment seines Menschseins. Ebenso begründet Rahner die Einheit von Gottes- und Nächstenliebe – nicht im Sinne einer äußeren Verfügung, sondern im ursprünglichen Sinne (Gott als der tragende Grund des menschlichen Freiheitsvollzugs kann gar nicht anders als in der konkreten, geschichtlichen Verwirklichung dieser Freiheit in der Liebe zum Nächsten „mitgeliebt" werden), sowie – für die Theologie der Befreiung höchst bedeutsam – die materiale Identität von Heilsgeschichte und Weltgeschichte. Die konkrete, profane, kontingente Geschichte ist der Ort, an dem Gottes Selbstmitteilung erfolgt, die diese Geschichte als Heilsgeschichte qualifiziert. Und indem Rahner Gottes Transzendenz als Ermöglichung und Freisetzung der Welt in ihre Weltlichkeit begreift, eröffnet er theologisch den Raum dafür, sich der Autonomie dieser Welt in ihrer eigenen Rationalität zuzuwenden und gerade als solche theologisch zu würdigen (vgl. die im Literaturverzeichnis aufgeführten Texte Rahners insgesamt).

Die europäische Politische Theologie (mit ihrem Hauptvertretern Johann Baptist Metz, Jürgen Moltmann und Dorothee Sölle) war es allerdings, die die Mängel eines jeden existenzialen, personalistischen und subjektivistischen theologischen Ansatzes durchschaute. Kritisch richtet etwa Metz die Anfrage an seinen Lehrer Rahner, ob seine Transzendentaltheologie in ihrer privatistischen Verengung nicht gerade das verfehle, worauf sie abzielt, nämlich das konkrete Subjekt, das nur in seiner gesellschaftlichen und geschichtlichen

Bedingtheit und Gefährdetheit angemessen zu denken ist. Ebenso fraglich ist für ihn, ob „Geschichte" hier wirklich ernst genommen und nicht vielmehr auf die abstrakte „Geschichtlichkeit" der menschlichen Daseinsvollzüge reduziert wird. Wird Geschichte hier nicht zur bloßen „Bühne" der individuellen Existenz? Kann Zukunft innerhalb dieses Ansatzes eigentlich als solche gedacht werden und ist sie nicht einfach nur Entfaltung und Extrapolation des immer schon Gegebenen? Kann man eigentlich dem eschatologische Charakter der christlichen Botschaft, dem Verheißungscharakter des Reiches Gottes, den die Exegese des 20. Jahrhunderts so scharf herausgearbeitet hat, hier noch gerecht werden? (vgl. Metz 1977; Metz 1997)

Die europäische Politische Theologie und deren „Entprivatisierung" des christlichen Glaubens sind unabdingbare Voraussetzungen für die Ausformulierung der Theologie der Befreiung. Die intensive Rezeption der Politischen Theologie durch die führenden Befreiungstheologen der ersten Stunde ist unverkennbar. Allerdings durchschauen sie von ihrem gesellschaftlichen Ort her ihrerseits die Ideologieanfälligkeit dieses europäischen Denkansatzes. So definiert etwa Johann Baptist Metz seine Politische Theologie als den Versuch, die eschatologische Botschaft des Christentums unter den Bedingungen der Gegenwart auszusagen (Metz 1997: 163). Es stellt sich hier natürlich sofort die Frage, wie diese Bedingungen der Gegenwart – als innere Voraussetzung der Theologie – zu erheben sind, welcher methodische Zugang gewählt wird, um in verantworteter Weise diese Bedingungen der Gegenwart zu thematisieren. Die vagen Zustandsbeschreibungen der Gegenwartssituation durch die europäischen Theologen bezeichnet C. Boff polemisch als „theologischen Impressionismus". Die europäische Politische Theologie will ihrem eigenen Anspruch nach ideologiekritisch sein. Sie geht von der Einsicht aus, dass jede Theologie – bewusst oder unbewusst – ihren gesellschaftlichen Ort hat, dass keine Theologie politisch unschuldig sein kann und dass sie, wenn sie diesen Tatbestand nicht in ihre Reflexion selbst mit aufnimmt, Gefahr läuft, „von hinten" ideologisch aufgeladen zu werden. Wie aber will die Politische Theologie diesen ideologiekritischen Anspruch einlösen, wenn sie auf eine sozioökonomische Analyse verzichtet? Hugo Assmann hat einen der entscheidenden Unterschiede zwischen der lateinamerikanischen Theologie der Befreiung und einer europäischen Politischen Theologie präzise herausgearbeitet: „Die Theologie der Befreiung verbindet die Analyse der gesellschaftlichen

Infrastruktur mit den Quellen des Glaubens. Es gibt keine politische Theologie, die diesen Namen verdient, die die kritischen Aspekte des Glaubens aufdecken soll, ohne eine analytische Sprache zu sprechen. Das bedeutet immer die Option für ein bestimmtes analytisches Instrumentarium, und das ist letztlich ein ethischer Schritt." (Assmann 1976: 84).

Die konkreten ersten Ausformulierungen einer lateinamerikanischen Theologie der Befreiung speisten sich aus zwei unabhängigen Quellen: In Europa etablierte sich ein Gesprächszusammenhang von hier studierenden brasilianischen Theologen (unter ihnen etwa Hugo Assmann und Leonardo Boff), deren Suchbewegung nach einer Theologie, die dem lateinamerikanischen Kontext gerecht wird, schließlich in die Auffindung der zentralen Kategorie „Befreiung" mündete. Und etwa zeitgleich veröffentlichte der Peruaner Gustavo Gutiérrez im Jahr 1971 sein Buch *Theologie der Befreiung*, das bis heute als das Standardwerk der Befreiungstheologie gilt und in dem vor allem die Methode dieser neuen Art, Theologie zu treiben, erstmals dargelegt wurde.

Basislektüre

Rahner (Hg.) 1977.

Exkurs

Theologie der Befreiung versus Katholische Soziallehre?

Die theoretischen Voraussetzungen der Katholischen Soziallehre, zumindest in der Gestalt, wie sie in Deutschland vorherrschte und die kirchliche Lehrverkündigung seit der Enzyklika *Rerum novarum* bestimmte, sind inzwischen fragwürdig geworden. Die Reflexion der „sozialen Frage" mittels eines neuscholastischen Begriffssystems und einer aus dem 19. Jahrhundert stammenden Naturrechtskonzeption hält dem heutigen methodischen Problembewusstsein nicht mehr stand. Mit dem Rückgriff auf philosophische und nicht theologische Kategorien verfolge man die grundsätzlich begrüßenswerte Absicht, eine Gesprächsbasis mit nichtchristlichen gesellschaftlichen Kräften herzustellen. Doch abgesehen davon, dass der Thomismus das heute längst nicht mehr leisten kann, weil er alles andere als konsensfähig ist, ergibt sich daraus ein folgenreiches theologisches Problem: Das biblische Zeugnis vom geschichtlich handelnden Gott wird für das gesellschaftliche Handeln der Christen und dessen theoretischer Orientierung sekundär, wenn nicht irrelevant. Die politische Relevanz der spezifisch christlichen Gottrede sowie die eigentliche theologische Brisanz der gesellschaftlichen Wirklichkeit gehen dabei verloren. Die Katholische Soziallehre erhebt den Anspruch, aus der Einsicht in die – ungeschichtlich verstandene – Natur des Menschen Prinzipien zur Gestaltung der Gesellschaft abzuleiten. Diese Naturrechtskonzeption wird der Tatsache zu wenig gerecht, dass die „Natur" des Menschen immer schon historisch bestimmt ist, und kann vor allem die Veränderung der gesellschaftlichen Basis insgesamt nicht angemessen denken. Zumindest tendenziell werden gegebene gesellschaftliche Verhältnisse analog zu „Naturbedingungen" aufgefasst, die dem Handeln des Menschen unverfügbar vorausliegen. Das hermeneutische Problem, dass die „Natur" des Menschen immer schon von einem historisch-gesellschaftlichen Standort aus erhoben wird, wird systematisch ausgeblendet.

Vor allem ein Defizit aber ist besonders fatal: Die Katholische Soziallehre bietet von sich aus kein Instrumentarium für eine sozioökonomische Analyse. Ihre Prinzipien – Personalität, Subsidiarität und Solidarität – bedürfen erst der jeweiligen Vermittlung mit einer konkreten Analyse der Gesellschaft, für die eine Kriteriologie zu entwickeln wäre. Und hier zeigt sich, dass kirchenamtliche Stellungnahmen regelmäßig in einer impressionistischen Zustandsbeschreibung stecken bleiben, zu keiner wirklichen Ursachenanalyse vordringen und damit von vornherein ins Leere laufen. Die Gefahr des ideologischen Missbrauchs ihrer Prinzipien ist damit programmiert.

Nicht zuletzt gegen dieses sozialanalytische Defizit hat die lateinamerikanische Theologie der Befreiung ihren methodischen Dreischritt von sozialanalytischer, hermeneutischer und praktisch-pastoraler Vermittlung formuliert. Sie versucht Kriterien für die Wahl eines sozialanalytischen Instrumentariums bereitzustellen, die eine gleichermaßen intellektuell und theologisch verantwortete wie konkrete und effektive Parteinahme innerhalb einer konfliktiven gesellschaftlichen Wirklichkeit ermöglichen.

Befürworter wie Gegner gestehen heute das Versagen der Katholischen Soziallehre angesichts der drängendsten globalen Überlebensfragen ein. Und dies liegt nicht etwa daran, dass sie zu wenig „umgesetzt" würde, sondern an ihrer grundsätzlichen theoretischen wie praktischen Hilflosigkeit gegenüber einer sich verselbstständigenden weltweiten ökonomischen Dynamik. In diesem Sinne fragt etwa Werner Kroh: „Welche Anregungen könnten maßgebliche zu gesellschaftlichen Veränderungen befähigte Personen und Institutionen und Politik und Wirtschaft aufgreifen? Zu welchen Vorschlägen müsste man feststellen, dass sie sich ihnen verweigern, sodass im Namen der Katholischen Soziallehre gegen eine weitere Fortschreibung der herkömmlichen politischen Praxis protestiert werden könnte?" (Kroh 1985: 140)

In dieser kritischen Anmerkung Werner Krohs verbirgt sich übrigens eine weitere Problemanzeige, nämlich die Frage nach dem Subjekt gesellschaftlichen Handelns und die von der Katholischen Soziallehre vorausgesetzte „Arbeitsteilung" zwischen Klerus und Laien. Auch hierin weist die Theologie der Befreiung neue Wege.

Basislektüre

Kroh 1982.

3 Politische Entwicklung in Lateinamerika

Die Theologie der Befreiung wurde allerdings nicht im binnenakademischen Diskurs entwickelt. Sie versteht sich als die „kritische Reflexion einer historischen Praxis im Lichte des Glaubens" (Gutiérrez, s. dazu weiter unten S. 26) und kann daher nur adäquat verstanden werden, wenn man die ihr zugrunde liegende Praxis beschreibt.

Die Sechzigerjahre des 20. Jahrhunderts standen in Lateinamerika ganz unter dem Zeichen des „desarollismo", jener Entwicklungsideologie also, die „Unterentwicklung" als ein retardiertes Stadium verstand und eine nachholende Industrialisierungspolitik propagierte. Die von der UNO ausgerufenen „Entwicklungsdekaden" oder auch die von US-Präsident Kennedy 1961 ins Leben gerufene „Allianz für den Fortschritt" stehen beispielhaft für ein Entwicklungsmodell unter der Führungsrolle internationalen Kapitals und seiner Technologie. Doch anstelle eines „trickle-down"-Effektes, demzufolge der ökonomische Fortschritt allmählich alle Regionen und alle sozialen Schichten erfassen sollte, verschärfte die forcierte Industrialisierungspolitik unter der Ägide transnationaler Konzerne die sozialen Gegensätze.

Die Exportorientierung der Landwirtschaft aufgrund des größeren Devisenbedarfs für die entsprechende industrielle Infrastruktur etwa führte zu einer zunehmenden Verelendung der Landbevölkerung, zu Migrationsbewegungen in die industriellen Ballungszentren etc. Die Radikalisierung von Volksbewegungen, der Arbeiterschaft, der Bauern etc. wurde mit einer Politik unter dem Vorzeichen der „Doktrin der nationalen Sicherheit" beantwortet. Seit Mitte der Sechzigerjahre wurden in Lateinamerika mit Unterstützung des US-amerikanischen Geheimdienstes CIA Militärdiktaturen etabliert (1964 in Brasilien, 1965 in Guatemala, 1973 in Chile ...).

In dieser Situation entstanden zahlreiche Initiativen sogenannter „militanter Christen", Initiativen von Ordensleuten, Priestern und Laien gleichermaßen, die zum praktischen Nährboden der ersten Ausformulierungen der Theologie der Befreiung werden sollten. Zu nennen ist etwa die peruanische Priesterbewegung ONIS, der auch Gustavo Gutiérrez angehörte, die Bewegung der Priester für die Dritte Welt in Argentinien, die Gruppe Golconda in Kolumbien, deren prominentestes Mitglied Camillo Torres war, und nicht zuletzt die „Christen für den Sozialismus", die sich in Chile im Zuge der Aufbruchsbewegung der „Unidad Popular" formierten. Der von einer breiten Bevölkerungsmehrheit unterstützte sozialistische Präsident Salvador Allende wurde schließlich mithilfe der CIA gestürzt, um aus Chile unter dem grausamen Regime Augusto Pinochets das erste Laboratorium der später weltweit durchgesetzten neoliberalen Wirtschaftspolitik zu machen. Am Ersten Kongress der „Christen für den Sozialismus" in Santiago de Chile 1972 nahmen 400 Priester, Ordensleute und Laien aus ganz Lateinamerika teil, unter ihnen Gustavo Gutiérrez und Hugo Assmann.

Gemeinsam ist all diesen Initiativen, dass sie angesichts der konkreten Situation die allgemeinen Prinzipien der katholischen Soziallehre als ungenügend empfanden, dass sie die Notwendigkeit sahen, zu einer konkreten Analyse der Ökonomie fortzuschreiten, dass nur eine grundsätzliche Kapitalismuskritik der Situation gerecht würde und dass die Option für ein sozialistisches Gesellschaftsmodell die folgerichtige Konsequenz daraus sei. Ein sozialistisches Wirtschaftsmodell wurde allerdings nicht als Ziel an sich, sondern als die unabdingbare Voraussetzung für die Entwicklung solidarischer und geschwisterlicher Beziehungen unter den Menschen begriffen.

> Der neue Mensch und die neue Gesellschaft sind nicht auf dem Weg des Kapitalismus zu erreichen. Denn die treibenden Kräfte einer jeden Art von Kapitalismus sind der private Gewinn und das Privateigentum als Instrument von Profit [...] Die Geschichte des Privateigentums an Produktionsmitteln macht die Notwendigkeit deutlich, es abzubauen oder auf den Altar des Gemeinwohls zu legen. Man wird also für das Sozialeigentum an Produktionsmitteln optieren müssen." (ONIS 1970).

Auch Teile der kirchlichen Hierarchie rangen sich zu einer sehr klaren grundsätzlichen Verurteilung des Kapitalismus durch.

> Der Kapitalismus muss überwunden werden. Er ist das größte Übel, die gehäufte Sünde, die verdorbene Wurzel, der Baum, dessen bekannte Früchte heißen: Armut, Hunger, Leid, Tod der großen Mehrzahl. Daher muss der Privatbesitz der Produktionsmittel (Fabriken, Land, Handel, Banken, Kreditquellen) überwunden werden. (Bispos do Centro-Oueste 1974: 1019–1020).

Diese vielfältigen innerkirchlichen Aufbrüche der Sechziger- und frühen Siebzigerjahre wiesen allerdings eine entscheidende Begrenzung auf: Es handelte sich im Wesentlichen um eine Solidaritätsbewegung von oben nach unten. Die Träger dieser Initiativen kamen in der Regel selbst aus den gehobenen sozialen Schichten. Christliche und kirchliche Initiativen *für die Armen*, stellvertretend für sie und in ihrem Sinne engagiert, trugen jedoch wesentlich dazu bei, einer *Kirche der Armen selbst* Leben einzuhauchen. (vgl. dazu vor allem Prien 1981; Kern 1992: 31–44)

Basislektüre

Prien 1981; Prien 2007.

4 Kirchliche Basisgemeinden

Die Förderung der Kirchlichen Basisgemeinden war neben anderen institutionalisierten pastoralen Aktivitäten auf den unterschiedlichen gesellschaftlichen Feldern eine Konsequenz aus der in Medellín getroffenen Option für die Armen. Allein in Brasilien zählte man Anfang der Achtzigerjahre landesweit etwa 150.000 dieser Gemeinden an der Peripherie der Gesellschaft, das heißt vor allem im ländlichen

Raum und den Elendsvierteln der städtischen Ballungszentren. In der Regel umfassen sie etwa zwanzig bis dreißig Familien. „Basis" ist hier in einem zweifachen Sinn zu verstehen: Einmal weist das Wort darauf hin, dass die Träger dieser Gemeinden die unteren gesellschaftlichen Schichten sind, zum anderen aber drückt es ein neues kirchliches Selbstbewusstsein aus: Christinnen und Christen organisieren ihr Leben als christliche Gemeinde in relativer Unabhängigkeit von der kirchlichen Hierarchie, entwickeln egalitäre Gemeindestrukturen und zahlreiche Dienstämter (Leitung, Wortverkündigung, etc.), die sie befähigen, selbst zu Subjekten ihrer eigenen Evangelisierung zu werden.

Ein wesentlicher Grundzug der Basisgemeinden ist es, dass sie Solidargemeinschaft unter den Armen selbst stiften. Sie wirken damit der Tendenz entgegen, dass die Armen selbst die Unterdrückungsmechanismen verinnerlichen und im Umgang miteinander reproduzieren oder angesichts ihrer Lebenssituation in Fatalismus und Lethargie verfallen. Die Gemeindemitglieder befähigen einander vielmehr, ihr Schicksal selbst in die Hand zu nehmen, Herrschaftsmechanismen zu durchschauen und solidarische Handlungsformen zu entwickeln. Ein entscheidendes Motivationspotenzial ist hierfür die gemeinsame Lektüre der Bibel aus der eigenen Lebenssituation heraus.

Diese Basisgemeinden wurden vielfach zu Keimzellen von Formen der Selbstorganisation des Volkes. Sie standen oft am Anfang von Stadtteilinitiativen, sie wurden wichtige Träger der Landlosenbewegung und etlicher anderer Volksbewegungen, etc. Die große Streikbewegung der brasilianischen Metallarbeiter in den Industriestandorten der Region um São Paulo etwa, die das Land nachhaltig veränderten, die Überwindung der Militärdiktatur einleiteten und der Demokratisierung den Weg bahnten, wären ohne die Vernetzung der authentischen Gewerkschaftsbewegung mit den Basisgemeinden vor Ort in dieser Form nicht möglich gewesen. Die Basisgemeinden partizipierten bald an den gesellschaftspolitischen Kämpfen landesweit und waren ein wichtiger Faktor der Bewusstseinsbildung und Mobilisierung. So wie sich die Glieder dieser Gemeinde als Subjekte ihrer eigenen Evangelisierung verstanden, so verstanden sie sich gesellschaftspolitisch als die Protagonisten ihrer eigenen Befreiung.

Entscheidend ist hier allerdings das Selbstverständnis, von dem aus man an den gesellschaftlichen Kämpfen teilnimmt: Die Basisgemeinden begründen die Inhalte und Ziele ihres gesellschaftspolitischen Engagements keineswegs im Kurzschlussverfahren mit ihrem christlichen Glauben. Es gibt für sie keine „christliche" Politik im Sinne von unterscheidbaren Politikinhalten. Politische Zielsetzungen dürfen sich ihnen zufolge nicht auf eine religiöse Sondertradition berufen; damit fielen sie unter das Verdikt des Ideologieverdachts. Sie müssen intersubjektiv vermittelbar sein für alle, die in einem weiteren Sinne eine humanistische ethische Grundposition im Sinne des unteilbaren Lebensrechtes aller einnehmen. Die „Politik" der Basisgemeinden bedarf keiner Rechtfertigung „von außen", sie rechtfertigt sich durch sich selbst. Ihre Rationalität ergibt sich aus der ethischen Grundperspektive des unteilbaren Lebensrechtes aller und aus der daraus resultierenden Entscheidung für eine bestimmte Gesellschaftsanalyse. Ausgehend von dieser ethischen Grundperspektive (Option für die Armen, universale Geschwisterlichkeit, Partizipation) tragen die Gemeinden jene politischen Organisationsformen mit, die diesen Kriterien am ehesten entsprechen. Der christliche Glaube wird allerdings auf einer anderen Ebene höchst relevant, nämlich auf der Ebene der Letztmotivation des eigenen Handelns. Unabhängig von der Analyse der gesellschaftlichen Verhältnisse hat die eigene politische Praxis eine unaufhebbare Existenzialität. Die richtige Analyse garantiert noch nicht die Motivation des eigenen Handelns. Damit sind die lateinamerikanischen Basisgemeinden wegweisend für jedes politische Engagement von Christinnen und Christen weltweit (vgl. hierzu vor allem Castillo 1987; Kern 1992: 45–49).

Basislektüre

Boff 2010; Boff 2011.

Exkurs

Der Kampf um die Köpfe und Herzen: Die ideologische Auseinandersetzung um die Theologie der Befreiung

Von Anfang an standen die Befreiungstheologie und deren Vertreter im Fokus der Aufmerksamkeit politischer und wirtschaftlicher Interessen, vor allem der USA. Bereits im Jahr 1969, also ein Jahr nach der Zweiten Generalversammlung der lateinamerikanischen Bischöfe in Medellín, bereiste der damalige Gouverneur des Bundesstaates New York und spätere Vizepräsident der USA, Nelson Rockefeller, im

Auftrag von Präsident Nixon Lateinamerika und zeigte sich danach höchst beunruhigt über den in der Kirche feststellbaren Wandel. Im Abschnitt „Das Kreuz und das Schwert“ seines Berichtes drückte er seine Sorge darüber aus, dass der Klerus, der sich traditionell wie das Militär aus der besitzenden Klasse rekrutierte, nun zunehmend von der Arbeiterklasse und unteren sozialen Schichten „unterwandert“ würde. Präsident Nixon gab daraufhin eine Studie in Auftrag, die das Phänomen gründlich untersuchen und vor allem die Schwachstellen herausfinden sollte, um dieser Entwicklung entgegenzuwirken. Die Studie kam zum Schluss, dass die institutionellen Selbsterhaltungsinteressen die Kirche letztlich dazu zwingen würden, sich mit dem herrschenden System zu arrangieren und die radikalen Forderungen der Basisbewegungen zurückzuweisen.

Das „Komitee von Santa Fe“, eine private Initiative rechtskonservativer Kreise, würdigte die Theologie der Befreiung in zwei bemerkenswerten Geheimdokumenten (1980 und 1988). Darin sollten die Leitlinien der Lateinamerikapolitik der Präsidenten Reagan bzw. Bush sen. jeweils zu deren Amtsantritt niedergelegt werden. Das Komitee von Santa Fe bedient dabei ein krudes antikommunistisches Feindbild, in das man alle Initiativen zur Umsetzung von Menschenrechten bequem einordnen konnte. Der ideologischen Ebene der Auseinandersetzung wird eine besondere Bedeutung beigemessen. In manichäischer Art und Weise wird die Welt in gute und böse Mächte aufgeteilt. Programmatisch formuliert man, dass man sich bereits mitten im Dritten Weltkrieg befände, in der es zum Sieg der USA (und damit von privatem Kapitalismus, freiem Handel, ausländischen Direktinvestitionen usw.) keine Alternative gäbe. „Außenpolitik ist das Instrument, durch welches Völker in einer feindlichen Welt ihr Überleben sichern. Amerikas grundlegende Freiheitsinteressen und das wirtschaftliche Eigeninteresse erfordern es, dass Amerika als Supermacht agiert. Die Krise ist metaphysischer Natur.“ Und in diesem Zusammenhang findet auch die Theologie der Befreiung entsprechend Erwähnung: „Die US-Außenpolitik muss damit beginnen, die Befreiungstheologie, wie sie in Lateinamerika vom ‚befreiungstheologischen‘ Klerus benutzt wird, aktiv zu bekämpfen (und nicht nur auf sie zu reagieren). Die Rolle der Kirche in Lateinamerika ist lebensentscheidend für den Begriff politischer Freiheit. Leider haben marxistisch-leninistische Gruppen die Kirche als politische Waffe gegen das Privateigentum und den produktiven Kapitalismus benutzt, um die Religionsgemeinschaft mit

Ideen zu infiltrieren, die weniger christlich als vielmehr kommunistisch sind." Und noch im zweiten Santa-Fe-Dokument, das bereits zur Zeit der von Michail Gorbatschow eingeleiteten Entspannungspolitik geschrieben wurde, heißt es, die Befreiungstheologie sei „eine politische Doktrin, die sich als religiöser Glaube tarnt. Sie richtet sich gegen den Papst und das freie Unternehmertum, um die Unabhängigkeit der Gesellschaften von staatlicher Kontrolle zu schwächen".

Seit 1960 gibt es – als Folge der kubanischen Revolution – eine institutionalisierte Zusammenarbeit der Geheimdienste des US-Militärs und der Geheimdienste lateinamerikanischer Armeen. In ihren jährlichen Treffen werden Grundzüge gemeinsamer Strategien (Aufstandsbekämpfung usw.), Ausbildungshilfe etc. vereinbart. Die Geheimdokumente des Treffens von 1987 im argentinischen Mar del Plata wurden einer argentinischen Menschenrechtsgruppe zugespielt und veröffentlicht. Es geht darin neben Strategien der Aufstandsbekämpfung vor allem um das Konzept des „low intensity warfare" (LIC), also der Kriegführung auf niedriger Ebene als Alternative zu offener militärischer Intervention. Diese Strategie umfasst ein breites Arsenal von „diplomatischer, wirtschaftlicher und psychologischer Druckausübung" zur Erreichung von politischen, militärischen, sozialen und psychologischen Zielen. Worum es letztlich geht, wird offen ausgesprochen, nämlich um die „Beherrschung und Verteilung der Güter der Natur und der strategischen Rohstoffe". In Zeiten der Ost-West-Entspannung hat sich das Feindbild allerdings geändert: Die Stelle des weltweit agierenden Kommunismus nimmt nun das Feindbild des „Terrorismus" ein, zu dem man unterschiedslos den Drogenhandel, Befreiungsbewegungen, Menschenrechtsorganisationen usw. zählt. Namentlich erwähnt werden in diesem Zusammenhang unter anderem amnesty international sowie die kirchlichen Hilfswerke Adveniat und Brot für die Welt. Die Befreiungstheologie und die Kirche der Armen werden darin als ein ideologischer Hauptfeind im Kampf der USA für Kapitalismus und Welthegemonie identifiziert. Die entsprechenden Passagen der Geheimdokumente entstanden offensichtlich unter Zuarbeit theologisch gut informierter kirchlicher Insider. Und man beruft sich nun ausdrücklich auf das kirchliche Lehramt und dessen Verurteilungen der Befreiungstheologie. Unterschieden werden drei Strömungen: eine Strömung, der man die bischöfliche Pastoral zuordnet und in der das „Religiöse" – in Abgrenzung zum „Politischen" – die Hauptsorge bilde; eine „gemäßigt marxistische"

Strömung, deren Vertreter an sich gute Anliegen mittels marxistischer Kategorien formulieren, ohne selbst zu durchschauen, dass diese Vermischung unmöglich sei. Dieser Strömung ordnet man etwa Gustavo Gutiérrez und Enrique Dussel zu; und eine dezidiert marxistische Strömung, die die marxistische Methode bewusst anwende und eine subversive Praxis befördere. Es wird betont, dass sich letztere Strömung von der katholischen Kirche und der theologischen Diskussion selbst entfernt hätte. Die Aufgabe des Priesteramtes von einigen Vertretern dieser Richtung wird als Argument dafür angeführt. Namentlich erwähnt werden in diesem Zusammenhang Hugo Assmann, Rubem Alves, Pablo Richard – und nicht zuletzt Ignacio Ellacuría, jener an der Universtät in El Salvador lehrende Jesuit, der zusammen mit fünf Mitbrüdern und zwei Hausangestellten im November 1989 einem Massaker zum Opfer fiel (Duchrow/Eisenbürger/Hippler 1989: 13–61; 131–146).

II Selbstverständnis und Methode

1 Theologie unter dem Primat der Praxis

Für alle Tendenzen und Strömungen der Theologie der Befreiung kann die klassische Definition von Gustavo Gutiérrez zugrundegelegt werden, die ihr Selbstverständnis prägnant zum Ausdruck bringt. Ihm zufolge ist die Theologie der Befreiung die „kritische, im Licht des Wortes ausgeübte Reflexion über die historische Praxis" (Gutiérrez 1992: 81). Auf zweifache Weise ist die Theologie hier mit der Praxis verklammert: Eine bestimmte Praxis bildet ihren Ausgangspunkt und ihren Entstehungszusammenhang, und die kritische Reflexion dieser Praxis im Licht des Glaubens erfolgt wiederum im Hinblick auf eine neue Praxis. Die vom Glauben motivierte gesellschaftspolitische Praxis wird hier zum theologischen Ort, zum methodischen Ausgangspunkt und zum Kriterium der Theologie.

> Aus all diesen Gründen müssen wir festhalten, dass die Theologie der Befreiung uns vielleicht nicht so sehr ein neues Thema aufgibt als vielmehr eine neue Art, Theologie zu treiben. Theologie als kritische Reflexion auf die historische Praxis ist also eine befreiende Theologie, eine Theologie der befreienden Veränderung von Geschichte und Menschheit und deshalb auch die Umgestaltung jenes Teils der Menschheit, der – als ecclesia vereint – sich offen zu Christus bekennt. Theologie beschränkt sich dann nicht mehr darauf, die Welt gedanklich zu ergründen, sondern versucht, sich als ein Moment in dem Prozess zu verstehen, mittels dessen die Welt verändert wird, weil sie – im Protest gegen die mit Füßen getretene menschliche Würde, im Kampf gegen die Ausbeutung der weitaus größten Mehrheit der Menschen, in der Liebe, die befreit, und bei der Schaffung einer neuen, gerechten und brüderlichen Gesellschaft – sich der Gabe des Reiches Gottes öffnet. (Gutiérrez 1992: 83)

Dieses Selbstverständnis hat nichts mit einem oberflächlichen Aktionismus zu tun, sondern folgt einer erkenntnistheoretischen Einsicht, die sich innerhalb der abendländischen Philosophiegeschichte seit der Aufklärung herausgebildet hat und innerhalb der Theologie des 20. Jahrhunderts intensiv rezipiert wurde. Praxis steht demnach nicht einfach in einem Folgeverhältnis zu einer zuvor rein theoretisch erhobenen Wahrheit, sie ist vielmehr konstitutiv für die Erkenntnis der Wirklichkeit.

Bereits innerhalb der Transzendentalphilosophie Immanuel Kants, die sich den Bedingungen der Wirklichkeitserkenntnis im Subjekt selbst zuwendet, kommt der praktischen Vernunft der Primat zu. Allein sie hat Zugang zur Wirklichkeit, wie sie „an sich" ist. Das theoretische Erkenntnisvermögen erschließt die Wirklichkeit nur so weit, wie sie selbst aus deren schöpferischer Tätigkeit hervorgeht. Der nachfolgende, mit J.G. Fichte beginnende Deutsche Idealismus hat sich an den „dogmatischen Resten" und verbleibenden Widersprüchen Kants abgearbeitet und die Konstitution der Wirklichkeit durch die reflexiv-tätige Struktur des Selbstbewusstseins herausgearbeitet. Für die Theologie der Befreiung von unmittelbarer Bedeutung in dieser Hinsicht ist allerdings Karl Marx. Dies bezeugt kein Geringerer als Gustavo Gutiérrez: „Von großer Bedeutung ist weiterhin der Einfluss marxistischen Denkens, das ganz auf die Praxis ausgerichtet ist und die Umgestaltung der Welt intendiert. Obwohl es seinen Ursprung schon in der Mitte des 19. Jahrhunderts hat, wurde seine Anziehungskraft im kulturellen Klima der letzten Zeit immer stärker. Deshalb denken viele Menschen mit Sartre, dass der Marxismus als formaler Rahmen jeden philosophischen Gedankens heute unüberwindbar ist." (Gutiérrez 1992: 75) Marx und Engels wenden sich in der *Deutschen Ideologie* gegen den Anspruch der linkshegelianischen Philosophen, auf jeden dogmatischen Ausgangspunkt des Denkens zu verzichten und „voraussetzungslos" zu beginnen. Für Marx und Engels ist diese Voraussetzungslosigkeit des Denkens eine Selbsttäuschung, die lediglich von den *wirklichen*, materiellen Voraussetzungen des Denkens abstrahiert. Nicht Hegels „absoluter Geist" allerdings, sondern die materielle Lebenspraxis der Menschen, ihre sinnlich-tätige Auseinandersetzung mit der Natur ist es, worin Subjekt und Objekt vorgängig miteinander vereint sind. Will das Denken nicht in die Falle der Ideologie tappen, dann muss es diesen Prozess der tätigen Auseinandersetzung des Subjektes – das allerdings kein isoliertes Individuum, sondern ein bereits gesellschaftlich konstituiertes Subjekt ist – bewusst reflektieren. Der Schein der Selbstständigkeit des Denkens lässt sich gerade aus den tatsächlichen materiellen Verhältnissen erklären. Klassisch haben Marx und Engels diese erkenntnistheoretische Position in der zweiten Feuerbachthese formuliert: „Die Frage, ob dem menschlichen Denken gegenständliche Wahrheit zukomme, ist keine Frage der Theorie, sondern eine *praktische* Frage. In der Praxis muss der Mensch die Wahrheit, i.e. Wirklichkeit und Macht, Diesseitigkeit seines Denkens beweisen. Der Streit über die Wirklichkeit oder Nichtwirklichkeit des Denkens – das von der Praxis isoliert ist – ist eine rein *scholastische* Frage." (MEW 3: 5) Konsequent wendet Marx diese Einsicht in die Theorie-Praxis-Dialektik auf seine eigene Kritik der kapitalistischen Gesellschaft an. Auch sie fiele unter das Verdikt des Ideologieverdachts, verstände sie sich nicht als rückgebunden an eine emanzipatorische Bewegung. Die Kritik der herrschenden Ökonomie und Gesellschaft ist nur als denkerische Aufklärung einer Praxis möglich, die die Veränderung dieser Gesellschaft selbst zum Ziel hat.

Ebenso entscheidend für ein dialektisches Verständnis von Theorie und Praxis ist die wissenschaftstheoretische Diskussion im 20. Jahrhundert. Die Auseinandersetzung mit der bis heute einflussreichen Wissenschaftstheorie Karl R. Poppers arbeitete die Aporien seiner Logik der Forschung heraus. Ihm zufolge können wissenschaftliche Hypothesen nicht verifiziert, sondern immer nur durch singuläre Beobachtungen falsifiziert werden. Nun ist aber bereits die einfachste Artikulation von Beobachtungen immer schon theoriegesättigt. Und das Postulat der Singularität widerspricht dem Anspruch der Intersubjektivität von „Basissätzen". Letztere würde ja die gesetzmäßige Reproduzierbarkeit im Experiment voraussetzen. Zwischen den Wahrnehmungen des Subjektes und allgemeinen Sätzen gibt es letztlich keine logische Brücke. Die Aporie – so die Kritiker – entstehe unweigerlich dann, wenn man Erkenntnis als isolierten Akt eines Individuums begreift, den man vom gesellschaftlichen Zusammenhang, in den dieses Individuum eingebettet ist, isoliert. Vor allem die in der Tradition marxistischen Denkens stehende Kritische Theorie der Frankfurter Schule war es, die Wissenschaft grundsätzlich als gesellschaftliche Tätigkeit, als ein Moment innerhalb der gesellschaftlichen Arbeitsteilung, begriff. Der gesellschaftliche Entstehungszusammenhang und die praktische Anwendung der Forschungsergebnisse sind – so bereits Max Horkheimer – den Wissenschaften keineswegs äußerlich, sie konstituieren bereits die Begriffssysteme selbst mit. Die Einzelwissenschaften sind von vornherein von einem praktischen

Erkenntnisinteresse geleitet, Theorie wird als Teilmoment der gesellschaftlichen Praxis selbst verstanden (vgl. Horkheimer 1980: 42–50). Schließlich war es Jürgen Habermas, der die Einzelwissenschaften als Fortsetzung vorwissenschaftlicher Lernprozesse begriff, die den erkenntnisleitenden Interessen instrumentalen Handelns der Verfügbarkeit über die Natur (Naturwissenschaften), einer intersubjektiven Verständigung (hermeneutische Wissenschaften) und letztlich dem emanzipatorischen Interesse der Aufhebung repressiver gesellschaftlicher Verhältnisse folgen (Habermas 1979: 332–364). Die Objektivität wissenschaftlicher Aussagen stellt sich gerade nicht ein, wenn man von ihrer Einbettung in gesellschaftliches Handeln abstrahiert, sondern vielmehr dann, wenn man diese als konstitutive Voraussetzung selbst mitreflektiert.

Auch innerhalb der Theologie des 20. Jahrhunderts wurde das Theorie-Praxis-Problem intensiv reflektiert. Darauf nimmt Gustavo Gutiérrez ausdrücklich Bezug (Gutiérrez 1992: 71–83). So etwa eignet sich Edward Schillebeeckx das Theorieverständnis der Frankfurter Schule an und entwickelt davon ausgehend eine theologische Hermeneutik (Schillebeeckx 1971). Insbesondere Johann Baptist Metz war es aber, der das Theorie-Praxis-Problem als hermeneutisches Grundproblem der Theologie identifizierte. Entscheidend sind für ihn die neuzeitliche Zukunftsproblematik und das Verständnis der Welt als werdender Geschichtswelt (im Unterschied zum naturhaften Werden) sowie der eschatologische Verheißungscharakter der biblischen Botschaft. Das Erfassen der Zukunft im Sinne des unableitbar Neuen, das nicht aus der Vergangenheit einfach extrapoliert werden kann, bedingt ein operatives Weltverhältnis. Die Eschatologie wird zum formalen Horizont der Theologie insgesamt. Neutestamentlich ist die Gottrede nicht zu trennen von der verheißenen kommenden Gottesherrschaft. Das heißt aber, dass die Gottheit Gottes unter den Bedingungen der Gegenwart gar nicht adäquat aussagbar ist, sondern ein Bewusstsein erfordert, das von vornherein auf die Veränderung der Gegenwart und ihrer Verstehensbedingungen abzielt. Gefordert ist also eine politische Hermeneutik des Glaubens, in der Theorie und Praxis dialektisch miteinander verschränkt sind. Theologie ist die theoretische Verantwortung und Artikulation einer Praxis der Solidarität unter dem eschatologischen Vorbehalt Gottes. Diese Solidarität – und das ist das spezifisch Christliche – bezieht auch die Opfer, die Besiegten und die Toten mit ein (vgl. vor allem Metz

1997). Helmut Peukert hat mit seiner bahnbrechenden Arbeit im Durchgang durch die Grundlagenprobleme der Einzelwissenschaften eine Fundamentaltheologie im Primat der Praxis entworfen. An der kritischen Rekonstruktion des Selbstverständnisses der empirischen Wissenschaften, der Mathematik, der formalen Systemtheorie, der Linguistik und der Gesellschaftswissenschaften zeigt er auf, dass diese nicht in der Lage sind, sich von sich selbst her zu begründen. Die Grundlagendiskussion verweist auf das Eingebettetsein dieser Einzelwissenschaften in einen umfassenderen Zusammenhang. Ihre grundlegenden Fragestellungen konvergieren letztlich in einer Theorie kommunikativen Handelns in den Dimensionen von Geschichte und Gesellschaft, deren normativer Kern der Vorgriff auf eine universale Kommunikationsgemeinschaft ist. Mit seiner Argumentationsfigur des „Paradoxes anamnetischer Solidarität" macht er schließlich deutlich, dass sich eine Praxis im Sinne universaler und unbedingter Solidarität nur dann widerspruchsfrei begründen kann, wenn sie die Toten und Besiegten mit einbezieht: Die in jeder kommunikativen Praxis implizit vorausgesetzte solidarische Gesellschaft verdankt sich einem Befreiungsprozess, der seine Opfer gefordert hat. Nur dann, wenn diese Opfer aus der angestrebten universalen und unbedingten Solidarität nicht ausgeklammert werden müssen, hebt sich die Begründung der Praxis in diesem Sinn nicht selber auf. Hier eröffnet sich die Möglichkeit von Theologie als der praktischen Behauptung des Gottes Jesu Christi, der die Toten auferweckt. (Peukert 1976).

Das Selbstverständnis der Theologie der Befreiung als der „kritischen Reflexion einer historischen Praxis im Lichte des Glaubens" entspricht also dem philosophischen und theologischen Problembewusstsein des dialektischen Verhältnisses von Theorie und Praxis. Auf der Höhe dieses Problembewusstseins hält sie daran fest, „dass es keine Wahrheit außerhalb oder jenseits konkreter geschichtlicher Ereignisse gibt, an denen Menschen als Handelnde beteiligt sind. Es gibt deshalb keine Erkenntnis außer im Handeln selbst, in dem Prozess der Veränderung der Welt durch Teilnahme an der Geschichte" (Miguez-Bonino 1977: 81).

Merksatz

> Die Theologie der Befreiung versteht sich als kritische Reflexion einer historischen Praxis im Lichte des Glaubens. Mit dieser Praxis ist sie als ihrem Entstehungs- und Verwendungszusammenhang zweifach verklammert und versteht sich ihr gegenüber als das „zweite Wort". Dieses Selbstverständnis als Theologie unter dem Primat der Praxis entspricht dem wissenschaftstheoretischen, philosophischen und theologischen Problembewusstsein der Gegenwart.

Basislektüre

Gutiérrez 1992.

2 Der methodische Dreischritt: Sehen – Urteilen – Handeln

Die methodischen Grundoperationen der Theologie der Befreiung – *sozialanalytische Vermittlung, hermeneutische Vermittlung, praktisch-pastorale Vermittlung* – ergeben sich konsequent aus diesem Selbstverständnis einer Theologie unter dem Primat der Praxis. Vor allem mit dem ersten methodischen Schritt unterscheidet sich die Befreiungstheologie von europäischen bzw. nordamerikanischen theologischen Ansätzen, die auch dann, wenn sie einen explizit politischen Anspruch formulieren, keine methodisch reflektierte und reflexiv verantwortete Sozialanalyse betreiben, sondern es bei mehr oder weniger beliebigen Zustandsbeschreibungen bewenden lassen. Im Gegensatz dazu klärt die Befreiungstheologie mit ihrem ersten methodischen Schritt die sozioökonomischen Bedingungen auf, von der ihre Praxis ausgeht und die es zu verändern gilt. Die gesellschaftspolitische Praxis der Christen erfordert eine intellektuell verantwortete Beschreibung und Ursachenanalyse und ein klares Bewusstsein ihres gesellschaftlichen Ortes.

Spätestens seit Karl Rahners anthropologischer Wende der Theologie wurde die konkrete historische Wirklichkeit in ihrer theologischen Dignität und Relevanz erfasst. Aus seiner transzendentaltheologischen Methode heraus entwickelt Rahner seine These von der Koextensivität von Heils- und Profangeschichte. Beide sind keine getrennten Sphären, sondern material miteinander identisch. Das ergibt sich konsequent aus Rahners Offenbarungsverständnis. Der innere Dynamismus des Menschen, seine transzendentale Verwiesenheit auf das absolute Sein, die ihn als Subjekt allererst konstituiert, ist immer schon überformt von der Selbstmitteilung Gottes, die als „übernatürliches Existenzial" dem konkreten, faktischen Menschen eingestiftet ist. Doch nur in der Hinwendung zur konkreten, sinnlich erfahrbaren Wirklichkeit ist der Mensch dieses Wesen der Transzendenz. Die besondere Wortoffenbarung ist für Rahner nur die geschichtlich-kategoriale Auslegung dieser „transzendentalen Offenbarung". Heils- und Weltgeschichte sind nur formal voneinander unterschieden, die Heilsgeschichte im engeren Sinne ist das geschichtliche Zu-sich-Kommen des transzendentalen Verhältnisses zu Gott. Damit wird aber die konkrete historische Situation selbst in ihrer ganzen Profaneität zum Ort von Gottes gnadenhafter Selbstmitteilung (vgl. vor allem Rahner 1962).

Rahner versteht das Verhältnis von Schöpfungs- und Erlösungswirklichkeit, von Natur und Gnade (als Selbstmitteilung Gottes) nach den Modell der hypostatischen Union: Gott nimmt darin die geschaffene Wirklichkeit gerade in der Weise als seine eigene an, dass er sie in ihr eigenes Sein freisetzt. So kann Rahner eine Glaubenspraxis theologisch begründen, die die Welt gerade in ihrer Weltlichkeit als Ort des übernatürlichen Heils ernst nimmt. Die Befreiungstheologie knüpft bewusst an die Rahner'sche These von der Einheit von Welt- und Heilsgeschichte an: „Die Behauptung der Einheit der menschlichen Berufung zum Heil – jenseits aller Unterscheidungen – wertet auf der religiösen Ebene die Tätigkeit des Menschen in der Geschichte, ob Christ oder Nichtchrist, auf eine ganz neue Weise. Die Schaffung einer gerechten Gesellschaft hat den Wert der Annahme des Gottesreiches, oder – in einer uns vertrauteren Sprachfigur – die Teilnahme am Befreiungsprozess des Menschen ist schon in gewisser Weise Heilswerk." (Gutiérrez 1992: 136)

Johann Baptist Metz, der Schüler Rahners, treibt dessen Reflexionen konsequent weiter und überwindet schließlich Rahners Idealismus. Das Gott-Welt-Verhältnis (Annahme durch Gott als Freigabe ins eigene Sein), wie es Rahner aufgefasst hat, wird ihm zum theologischen Deutungsrahmen des Säkularisierungsprozesses. Das Weltlichwerden der Welt kann er so als die geschichtliche Auslegung dieses Gott-Welt-Verhältnisses selbst verstehen, als „Fernwirkung" eines biblisch-christlichen Impulses. Allerdings begreift Metz diesen Prozess in seiner ganzen Ambivalenz: Die legitime Eigenständigkeit der Welt ist in concreto zu unterscheiden von ihrem sündigen Widerspruch zu Gott. Metz führt uns die entscheidende Aporie vor Augen: Wenn die profane Wirklichkeit gerade als solche einerseits der Ort der Selbstmitteilung Gottes ist, andererseits der Säkularisierungsprozess zutiefst ambivalent ist, dann genügt es nicht, diese Säkularisierung abstrakt theologisch zu legitimieren und damit die Möglichkeit zu verspielen, sich noch kritisch darauf beziehen zu können. Wer die historische Wirklichkeit in ihrer theologischen Relevanz würdigt, der muss sich konkret ihrer eigenständigen Struktur und ihrer inneren Dynamik zuwenden, um theologisch verantwortet zu dieser Wirklichkeit Stellung zu beziehen (vgl. Metz 1968). Diesen theologischen Perspektivwechsel hat erst die Befreiungstheologie vollzogen.

Mit der methodischen Entscheidung, die ökonomische Analyse zum Ausgangspunkt zu wählen, hat sich die Theologie der Befreiung letztlich den historischen Materialismus in der Tradition von Karl Marx zu eigen gemacht. Gustavo Gutiérrez bezieht sich in seinem Standardwerk ausdrücklich darauf (Gutiérrez 1992: 95–96). Historischer Materialismus als Methode hat bei Marx überhaupt nichts zu tun mit Materialismus im ontologischen Sinne, mit einer Weltanschauung also, die das Sein des Seienden als Materie auslegt. Am prägnantesten hat Marx sein diesbezügliches Verständnis im recht knappen Vorwort zur „Kritik der politischen Ökonomie“ formuliert. Seine Auseinandersetzungen mit den Rechtsverhältnissen und Staatsformen hätten in ihm die Überzeugung reifen lassen, dass diese nur von den materiellen Lebensverhältnissen her adäquat zu erfassen wären. Um die bürgerliche Gesellschaft zu verstehen, habe er sich dem Studium der Ökonomie als der „Anatomie“ dieser Gesellschaft zugewandt. (MEW 13: 8) Die unterschiedlichen Lebensäußerungen des Menschen und die unterschiedlichen gesellschaftlichen Sphären lassen sich „in letzter Instanz“ darauf zurückführen, wie die Menschen in Auseinandersetzung mit der Natur ihr Leben produzieren und reproduzieren. Dies bedeutet jedoch keineswegs einen Reduktionismus, der die Eigendynamik und Eigenlogik dieser Bereiche nicht mehr zu würdigen wüsste (vgl. dazu vor allem MEW 3: 20). Doch erst der Rückbezug auf den wirklichen Lebensprozess und seine materiellen Grundlagen bietet uns den sicheren Grund für das Verständnis der gesellschaftlichen Lebensäußerungen und der Geschichte.

Im zweiten methodischen Schritt, der hermeneutischen Vermittlung, geht es um die Erschließung der eigenen positiven Grundlagen des christlichen Glaubens, insbesondere um das Verständnis der Schrift selbst. Die Theologie der Befreiung erweist sich hier als Korrektur einer in Europa lange dominierenden „existenzialen" Hermeneutik, für die vor allem der Name Rudolf Bultmann steht. Diese ging davon aus, dass uns ein Verstehen der biblischen Texte deshalb möglich ist, weil wir mit den Autoren und Adressaten damals eine gemeinsame existenziale Struktur teilen. Existenzialien wie Sorge, Angst etc. bilden jenes Vorverständnis, aufgrund dessen sich uns die alten Texte erschließen. Die Befreiungstheologie dagegen sieht in der Erfahrung einer gemeinsamen Geschichte, der von Gott gewirkten Befreiungsgeschichte damals und heute, die Bedingung der Möglichkeit des Textverständnisses. Die gegenwärtigen Befreiungserfahrungen und die Erzählungen über gottgewirkte Befreiung in der Vergangenheit liegen auf derselben „semantischen Achse" (S. Croatto). Allerdings legen die gegenwärtigen Befreiungserfahrungen einen „Überschuss an Sinn" in den biblischen Texten frei, der sich dem damaligen Verstehenshorizont noch nicht erschließen konnte. Und umgekehrt bilden die biblischen Texte einen kritischen Maßstab für die gegenwärtigen Befreiungserfahrungen. Letztere erweisen ihre Authentizität dadurch, dass sie auf derselben „semantischen Achse" liegen wie die in den biblischen Texten fixierten Befreiungserfahrungen. Es ergibt sich so ein hermeneutischer Kreislauf, dessen konstitutives Prinzip der heute wie damals in der Geschichte wirksame Befreiergott ist (Croatto 1981: 39–59). Der theologischen Ausformulierung dieser Hermeneutik liegt eine entsprechende Bibellektüre in den Kirchlichen Basisgemeinden zugrunde.

Der dritte methodische Schritt, die praktisch-pastorale Vermittlung, zieht aufbauend auf den vorangehenden Vermittlungen die praktischen Konsequenzen. Will man vermeiden, dass das Handeln in einen naiven Voluntarismus verfällt, so muss man die objektiven Voraussetzungen, die sich etwa aus dem Zusammenspiel der unterschiedlichen gesellschaftlichen Kräfte ergeben, eigens reflektieren. Die Aktion hat ihre eigenen Gesetze, die von der Sozialanalyse und der theologischen Reflexion nicht vollständig erfasst werden können. Die praktisch-pastorale Vermittlung hat zwischen taktischen und strategischen Zielen zu unterscheiden, sie hat Subjekte der Veränderung in einer konkreten Situation zu identifizieren und sie hat sich nach der Effektivität, der direkten politischen Wirkung und der Entsprechung von gewählten Methoden und Zielen zu fragen. Leonardo Boff formuliert als Grundorientierung für diesen Schritt: „Immer aber muss klar herauskommen, dass wir uns strategisch für eine Befreiung entschieden haben, in der eine neue Gesellschaft möglich wird, in der Liebe und Geschwisterlichkeit weniger schwierig sind. Das gilt auch dann, wenn wir aufgrund von geschichtlichen Umständen zu rein reformistischen Maßnahmen gezwungen sind. Dies sind dann eben nur taktische Schritte und keine strategischen Ziele. Unser Ziel bleibt die umfassende Befreiung." (Boff 1982: 192)

Entscheidend für das Selbstverständnis dieser gesellschaftspolitischen Praxis ist, dass sie auf keinem „christlichen Proprium" insistiert, das sich aus einer religiösen Sondertradition herleiten ließe. Eine Praxis, die sich am unteilbaren Lebensrecht aller orientiert, bedarf keiner Rechtfertigung von außen, keiner eigenen inhaltlichen christlichen Legitimation. Der Rückgriff auf die eigene Befreiungstradition des biblischen Glaubens dient keiner inhaltlichen Bestimmung des praktischen Handelns, sondern bildet die „Letztmotivation" des Engagements von Christinnen und Christen, die davon ausgeht, dass der Einsatz für eine solidarische Gesellschaft nicht ins Leere läuft.

> Die gesellschaftliche Praxis definiert sich über sich selbst ausgehend von ihrer eigenen Rationalität. Es gibt keine „christliche gesellschaftliche Praxis". Wenn es sie gibt, dann drückt das Adjektiv „christlich" keine Qualität dieser Praxis, sondern einen Mangel, ein Defizit dieser Praxis aus. Ein „christlicher" Beitrag zu dieser Praxis bedeutet nichts anderes als ihre ideologische Verzerrung. Die Christen verpflichten sich nicht einer gesellschaftlichen Praxis, weil sie „ans Evangelium glauben", oder weil sie über eine „christliche gesellschaftliche Rationalität" verfügen. Die gesellschaftliche Praxis wird einzig und allein aufgrund ihrer eigenen Rationalität angenommen, oder überhaupt nicht. Nicht das „Christliche" hat Bedeutung für die gesellschaftliche Praxis, sondern umgekehrt: Die gesellschaftliche Praxis, in dem Maße, wie sie aufgrund ihrer eigenen Rationalität angenommen wird, ist für das Christentum von Bedeutung. Die Christen dürfen die gesellschaftliche Praxis nicht vom Evangelium her definieren, sondern müssen die historische Bedeutung des Evangeliums von der gesellschaftlichen Praxis aus entdecken. (Richard/Torres 1975: 40)

Es bleibt zu beachten, dass diese methodischen Schritte eine untrennbare dialektische Einheit bilden. Die zweifache Verankerung in der Praxis – als Ausgangspunkt und Ziel – bildet dabei die Klammer. Die sozioökonomische Analyse setzt bereits einen Standort, eine ethische Grundoption voraus, die zwar kein Spezifikum des Christentums darstellt, die Christen aber im Rückgriff auf die für sie normative historische Befreiungstradition formulieren. Umgekehrt erschließt sich der Sinn dieser Befreiungstradition selbst erst von der aktuellen Praxis im Sinne der umfassenden Befreiung her.

Merksatz

> Sozialanalytische Vermittlung, hermeneutische Vermittlung und praktisch-pastorale Vermittlung (Sehen, Urteilen, Handeln) bilden die methodischen Grundoperationen der Theologie der Befreiung. Diese drei methodischen Schritte sind jedoch bereits dialektisch miteinander verschränkt: So setzt die Wahl eines bestimmten Instrumentariums der sozioökonomischen Analyse bereits einen gesellschaftlichen Standort voraus, der im „zweiten" Schritt, der hermeneutischen Vermittlung, explizit gemacht wird.

Basislektüre

Boff/Boff 1986.

3 Die vorrangige Option für die Armen

> Mit erneuter Hoffnung auf die belebende Kraft des Geistes machen wir uns wieder die Auffassung der Zweiten Vollversammlung zu eigen, die eine klare und prophetische, vorrangige und solidarische Option für die Armen zum Ausdruck brachte [...] Wir bestätigen die Notwendigkeit der Umkehr der gesamten Kirche im Sinne einer vorrangigen Option für die Armen mit Blickrichtung auf deren umfassende Befreiung. (Puebla 1134)

Mit der Formel von der „vorrangigen Option für die Armen" bezieht die Theologie der Befreiung einen klaren, parteiischen gesellschaftlichen Standpunkt innerhalb einer konfliktiven Wirklichkeit. Dieser gesellschaftliche Ort ist aber – und das ist für die Theologie entscheidend – zugleich ein *erkenntnistheoretischer Ort*, der bereits den ersten methodischen Schritt, die sozialanalytische Vermittlung, determiniert. Die Wahl einer bestimmten analytischen Perspektive und eines analytischen Instrumentariums hängt von dieser gesellschaftlichen Positionierung und erkenntnistheoretischen Vorentscheidung ab.

Im Bereich der Sozialwissenschaften ist eine ethische Position – die natürlich bewusst als solche reflektiert werden muss – für die Theoriebildung konstitutiv. Sozialwissenschaftliche Theoriebildung muss den Kriterien einer jeden wissenschaftlichen Hypothese genügen. Ihre Erklärungskraft entscheidet über ihren Wert als Hypothese. Sie muss inhaltlich substanziell sein und die gesellschaftlichen Phänomene in sich stimmig und möglichst erschöpfend erklären können. Die Beurteilung über die Erklärungskraft einer Theorie im Bereich der Gesellschaftswissenschaften hängt nun aber vorgängig bereits davon ab, welche Phänomene und Fakten man überhaupt für signifikant hält. Sie setzt also eine ethische Vorentscheidung voraus, über die eigens Rechenschaft zu geben ist.

In diesem Sinne hat Clodovis Boff zwei grundlegende einander entgegengesetzte Tendenzen in den Sozialwissenschaften ausgemacht: eine funktionalistische Tendenz, die die Gesellschaft grundsätzlich als harmonisches Ganzes betrachtet, den Gedanken der Ordnung und des Gleichgewichts betont und sie unter dem Gesichtspunkt eines organischen Ganzen von einander ergänzenden Teilen analysiert; und eine dialektische Tendenz, welche die zueinander in Spannung befindlichen Kräfte und Gegensätze innerhalb der Gesellschaft in den Blick rückt. Aus der ersten, funktionalistischen Tendenz folgt ein Reformismus, der die Probleme der Gesellschaft für systemimmanent reparabel hält. Die zweite, dialektische Tendenz hat die Forderung nach einer Neustrukturierung der gesamten Gesellschaft zur Konsequenz. (C. Boff 1983: 114–115)

Die Option für die Armen ist also der erkenntnistheoretische Ort, die methodologische Vorentscheidung für die sozioökonomische Analyse selbst, die niemals „neutral" sein kann.

> Richtungweisend für die Theologie der Befreiung ist die vorrangige Option für die Armen (Puebla). Jede nicht nur auf das Erklären von Gesetzmäßigkeiten, sondern auf das Verstehen von Sinnproduktion ausgerichtete Wissenschaft ist gekennzeichnet durch ein hermeneutisches Vorverständnis, das selber wiederum abhängt von bestimmten Optionen, d.h. Grundentscheidungen, die die wissenschaftliche Arbeit orientieren und strukturieren. (Füssel 1985: 204)

Bereits die methodologischen Grundfragen der empirischen Wissenschaften verweisen auf ein vorwissenschaftliches Fundament, die Einbettung in die soziale Lebenspraxis der Gesellschaft. Im Bereich der Gesellschaftswissenschaften verschärft sich diese Begründungsproblematik durch ihr spezifisches Subjekt-Objekt-Verhältnis: Die Objekte der Sozialwissenschaften sind selbst im weitesten Sinne theoriebildende Subjekte, und umgekehrt gehört der Forscher (das Subjekt des Forschungsprozesses) dem Objekt seiner Forschung durch die Akte der Erkennens hindurch selber an. Der Gegenstandsbereich der Sozialwissenschaften sperrt sich somit seiner inneren Natur nach gegen die objektivierenden Verfahren der Naturwissenschaften.

Zwei folgenreiche Debatten innerhalb der Gesellschaftswissenschaften – der von Max Weber ausgelöste Werturteilsstreit und der „Positivismusstreit", in dem sich Vertreter der Frankfurter Schule und Vertreter des Kritischen Rationalismus gegenüberstanden – hatten die Frage nach der Möglichkeit neutraler Gesellschaftswissenschaften zum Gegenstand. Bereits an Max Weber wurde deutlich, dass soziologische Theorien dem Postulat der Wertfreiheit nicht genügen können. Sie sind schon im Ansatz von einem Vorverständnis geleitet, das die Wahl der theoretischen Modelle sowie die Selektion praktisch relevanter Fragestellungen determiniert. Jürgen Habermas hat schließlich herausgearbeitet, dass es in den Sozialwissenschaften nicht nur um das kausale Erklären von Gesetzmäßigkeiten, sondern in gleichem Maß um das hermeneutische Verstehen von Sinn geht. Zugleich kommt den Sozialwissenschaften selbstreflexiver Charakter zu, das heißt, der Forscher ist methodisch dazu angehalten, seine eigene Stellung innerhalb des Zusammenhanges zu reflektieren, den er analysiert.

Das Verhältnis von kausalem Erklären und hermeneutischer Explikation von Sinn in den Sozialwissenschaften erläutert Habermas mittels eines an der Psychoanalyse orientierten Modells: Das Erklären (empirisch) objektiver sozialer Zusammenhänge ermöglicht ein Verstehen (hermeneutisch), das gerade diese Zusammenhänge aufzuhellen vermag. Es geht also um ein hermeneutisches Verstehen gesellschaftlicher Beziehungen durch Erklären objektiver (repressiver) Zusammenhänge, die gerade dadurch Quasi-Kausalität besitzen, dass sie ideologisch verschleiert sind. Dieses Modell impliziert aber auch, dass dieser Prozess ausdrücklich im Hinblick auf emanzipative Befreiung geschieht (was der therapeutischen Absicht in der Psychoanalyse entspricht) und davon nicht abzulösen ist. Das veränderte Theorie-Praxis-Verhältnis (s. weiter oben, S. 26ff.) ist hier zentral: Repressive gesellschaftliche Zusammenhänge können letztlich nur auf der Grundlage einer gesellschaftlichen Praxis entlarvt werden, die an deren Überwindung interessiert ist. Sozialwissenschaft ist so auf ihr praktisch-emanzipatorisches Erkenntnisinteresse verwiesen. (Habermas 1979: 332–364).

Die Wahl des gesellschaftlichen – und damit zugleich erkenntnistheoretischen – Standorts ist natürlich nicht dezisionistisch aufzufassen, als ginge es um eine beliebige Geschmacksfrage. Bereits Karl Marx hat seine Positionierung mit der objektiven Stellung des Proletariates innerhalb des kapitalistischen Systems begründet. Er sah das Proletariat als jene Klasse an, deren spezifisches Klasseninteresse zugleich mit dem Allgemeininteresse zusammenfällt, da sich das Proletariat nur emanzipieren kann, indem es die Gesellschaft als ganze emanzipiert. Der Standpunkt des Proletariats ist also gerade kein beschränkter Klassenstandpunkt, vielmehr garantiert eben diese Parteilichkeit erst Universalität. Analog dazu ist die Option für die Armen, für die also, die ausgeschlossen, die dem System gegenüber exterritorial, funktionslos, gleichsam nichts sind, der einzige Standort, von dem her das System als ganzes in den Blick kommen kann. Parteilichkeit und Allgemeingültigkeit, Universalität, sind also keine Widersprüche, sondern bedingen einander, sofern man den Standpunkt derer bezieht, die die Gesellschaft und Ökonomie systematisch ausgrenzen muss. Theologisch gewendet heißt das: Gerade wenn die Befreiungstheologen bibeltheologisch die Parteinahme Gottes für die Unterdrückten – und damit gegen die Unterdrücker – herausarbeiten, stellt dies keinen Widerspruch zum behaupteten universalen Heilswillen Gottes dar, sondern im Gegenteil: Dieser universale Heilswille Gottes, der das Leben aller will, muss sich zuerst an denen bewähren, die faktisch von diesem Leben am weitesten entfernt sind.

> Der eschatologische Horizont der Sendung Jesu ist das Reich Gottes, ein Reich des Lebens für alle. Aber damit es verwirklicht werden kann, müssen jene an diesem Reich teilhaben, die ganz weltlich des Lebens in seinen verschiedenen Formen beraubt worden sind: die Armen und Unterdrückten. Daher ist die Verkündigung Jesu parteilich, und der Gott des Lebens zeigt sich parteilich für die des Lebens beraubten [...] Jesus verkündigt das Reich Gottes den Armen, verkündigt das Leben jenen, die es am wenigsten haben. Dass Gott

> der Gott des Lebens sei, muss einer geschichtlichen Bewahrheitung standhalten, die keine andere ist, als das Leben jenen zu geben, die jahrhundertelang des Lebens beraubt worden sind, die armen und unterdrückten Mehrheiten […] Um den angemessenen Ort der Verbindung zwischen Gott und Leben zu finden, wählt Jesus, wie früher die Propheten, bewusst einen parteilichen Ort, den der des Lebens beraubten Armen. (Sobrino 1984: 74–75)

Für Enrique Dussel, dessen befreiungsphilosophischer Ansatz stark an der Alteritätsphilosophie des Emmanuel Levinas (1906–1995) orientiert ist, wird der Arme zur Bedingung der Möglichkeit der Offenbarung überhaupt. Offenbarung ist in seinem Verständnis das Hereinbrechen der Stimme des Anderen in die in sich abgeschlossene Totalität des Systems. Dem entspricht der Glaube, der im Wesentlichen im Vernehmen der Stimme des Anderen besteht. Die „erste Theologie", die Fundamentaltheologie, ist für ihn deshalb jener Diskurs, der die Existenz des Armen konkret beschreibt. Der Arme wird zum *locus theologicus*, zum theologischen Ort schlechthin, weil nur der faktisch außerhalb des Systems Stehende die Möglichkeit des Hörens auf ein Offenbarungswort schafft, das ein sich in sich selbst verschließendes, sich selbst genügendes System zu durchbrechen imstande ist.

> Um die Offenbarung zu hören, glauben zu können, muss man sich auf den Standpunkt der Armen stellen und die Dinge in ihrem Blickwinkel sehen. Der Arme ist Christus hier und jetzt, er ist der ‚Weg', der es uns ermöglicht, Gott zu entdecken und über ihn zu sprechen. Deshalb ist die Gemeinschaftsethik die Fundamentaltheologie der Theologie der Befreiung, denn sie klärt die Voraussetzungen, die Bedingungen der Möglichkeit des theologischen Diskurses überhaupt und insgesamt […] Die Grundbedingung für die Möglichkeit des Beginns eines kritischen und prophetischen theoretisch-theologischen Diskurses der Befreiung, also einer Fundamentaltheologie, besteht darin, aufzuzeigen, wer die Armen sind, wie sie in diese Situation geraten sind und auf welche Weise ihre Armut sich konkret zeigt. Das ist die Voraussetzung, die erste Conditio sine qua non. (Dussel 1988: 231)

Will man das historisch-praktische Interesse an Befreiung letztlich nicht wieder „naturalisieren", in objektiv gegebenen Strukturen verankern – was ja einer Selbstaufhebung des Begriffs Freiheit gleichkäme –, dann sind wir auf die Freiheitsgeschichte selbst verwiesen.

Nur im Rückgriff auf die Freiheitsgeschichte selbst kann sich Freiheit letztlich begründen. Jürgen Habermas meinte, mit den erkenntnisleitenden Interessen, die „a priori" eingesehen werden könnten, einen objektiven, nicht mehr hinterfragbaren Bezugspunkt gefunden zu haben. Doch an ihn ist die kritische Rückfrage zu stellen, ob Freiheit überhaupt durch den Rekurs auf naturale Interessen begründet werden kann, ob sie so nicht schlicht zur Einsicht in die (Natur-)Notwendigkeit wird und sich dadurch selbst negiert. Ist das Interesse an Befreiung nicht vielmehr selbst wiederum an die Freiheitsgeschichte verwiesen, nur als „gefährliche Erinnerung" historischer Freiheitstraditionen zu begründen? Von daher scheint es konsequent und in sich stimmig, dass die Theologie der Befreiung auf eine bestimmte historische Tradition der Befreiung als tragfähige Basis ihrer Grundoptionen zurückgreift – nicht auf irgendeine beliebige Befreiungstradition allerdings, sondern auf eine, in der es um den Gesamtsinn von Mensch und Geschichte, um das Ziel der Geschichte insgesamt geht.

Bibeltheologisch ist für die Theologie der Befreiung das Exodusereignis zentral, das man mit Gottes geschichtsmächtigem Handeln zugunsten der Unterdrückten identifiziert. Die Befreiungserfahrung des Exodus wird geradezu zur Definition Jahwes. So etwa wird der Dekalog mit der Selbstvorstellung Jahwes eingeleitet: „Ich bin Jahwe, dein Gott, der dich aus dem Sklavenhaus Ägyptens herausgeführt hat ..." (Ex 20,2). Sozialgeschichtlich ist Israel aus Umbruchs- und Wanderbewegungen in Palästina um das Jahr 1200 hervorgegangen. Miteinander rivalisierende kanaanäische Stadtstaaten, die zentralistisch-monarchisch organisiert waren, standen unter dem hegemonialen Einfluss Ägyptens. Von diesen Stadtstaaten abhängige Bauern flohen vor ihrer Ausbeutung und vor Konflikten ins – weniger fruchtbare – Bergland, das seit der Einführung von Eisenwerkzeugen bebaubar war. Zu dieser Gruppe stieß bald eine aus Ägypten geflohene Gruppe von „Hapiru" (der Ursprung der Bezeichnung „Hebräer"), die als die Träger der Exodustradition anzusehen sind. Die Hapiru stellten allerdings kein „Volk", keine ethnische Größe, dar, sondern ein Konglomerat von Söldnern, Wirtschaftsmigranten etc. am Rand der festgefügten Sozialordnung, die innerhalb des gesellschaftlichen Gefüges ein aufrührerisches Element bildeten. Unter Ramses II. scheint eine solche Gruppe von Hapiru Fronarbeit geleistet zu haben, aus der sie entkam. Die mit ihnen assoziierte Exodustradition wird zu einem wesentlichen Maßstab der Geschichte Israels. Es geht dabei nicht um die helfende Zuwendung Gottes zu einzelnen aus unterschiedlichen Gründen in Not Geratenen, sondern um die Rettung einer ganzen Großgruppe aus einer umfassenden Elendssituation. Diese Elendssituation wird in ihren Ursachen als systembedingt beschrieben. Die Intervention Gottes zielt nicht auf eine Reform des Systems, sondern auf den Auszug, auf die Überwindung des Systems als solchen. Und das Exodusgeschehen begründet Israel als Gottes Kontrastgesellschaft (das ist letztlich der Kern des Erwählungsgedankens), die sich durch die Verwirklichung von Recht und Gerechtigkeit, von umfassender Solidarität, auszeichnet. Diese geschichtliche Verankerung des Jahweglaubens im Exodusgeschehen wird das bestimmende Moment des religiösen Selbstverständnisses Israels. Das harte Ringen um die Einführung der Monarchie, die wirkmächtige prophetische Tradition bis hin zur nachexilischen Tradition der „Armen Jahwes" bezeugt – trotz gegenläufiger Tendenzen und höchst unterschiedlicher Traditionen und Interessen, die sich in den biblischen Texten widerspiegeln – dieses Grundbekenntnis zum Gott des Exodus, dessen Maßstab die Armen sind.

Für das Neue Testament wird aufgezeigt, dass Jesu Reich-Gottes-Praxis von der klaren Parteinahme für die Armen nicht zu trennen ist. Die Texte, die man der ursprünglichen Jesusbewegung zuordnen kann, bezeugen – im Rahmen einer apokalyptischen Mentalität – die Hoffnung auf eine eschatologische *Umkehr des sozialen Geschicks*. Als letztes Kriterium der anbrechenden Gottesherrschaft wird der Mensch in seiner leiblichen Bedürftigkeit beschrieben. Bis hin zum letzten Buch der Bibel, der Offenbarung des Johannes mit seiner klaren Analyse des ökonomischen Fundaments eines römischen Imperiums, das seinen Blutzoll fordert (vgl. Offb 18), spannt sich der Bogen. Die christliche Auferstehungshoffnung, deren Grund neutestamentlich die Auferstehung Jesu selbst ist, ist letztlich die Bedingung der Möglichkeit einer Praxis der Solidarität. In ihr erweist sich Gott als die Wirklichkeit, die einer solchen solidarischen Praxis durch Tod und Scheitern hindurch Bestand verleiht (Boff/Pixley 1987: 38–47; 84–122).

Option für die Armen im Sinne der Theologie der Befreiung darf allerdings keineswegs paternalistisch oder assistentialistisch, das heißt im Sinne einer Fürsorge für die Armen, missverstanden werden. Die Armen sind vielmehr Subjekte ihrer eigenen Befreiung; ihre eigenen Formen der Selbstorganisation in den Basisgemeinden, in den unterschiedlichen Volksbewegungen, in Gewerkschaftsbewegungen etc. sind wichtige Träger gesellschaftlicher Veränderung und alternativer Gegenentwürfe. Damit werden die Armen aber auch zugleich zu Subjekten der Evangelisierung. Dieses Subjektwerden der Armen entspricht exakt der Leugnung des Subjektseins, der Verdinglichung, innerhalb des Systems, das die Armut erst aus sich heraus gebiert. Die Umkehr des Subjekt-Objekt-Verhältnisses, die den Kapitalismus auszeichnet (siehe weiter unten S. 80 f.), wird hier rückgängig gemacht. Im Kampf der Armen selber werden jene Kräfte und menschlichen Qualitäten freigesetzt, die der Kapitalismus systematisch verleugnet. Wenn das angestrebte Ziel eine Gesellschaft ist, in der das solidarische Subjektsein der Menschen möglich ist, so darf der Kampf für dieses Ziel diesem nicht widersprechen. Befreiung kann somit kein fremdbestimmtes, heteronomes Geschehen sein, sondern kann nur aus dem Prozess der Subjektwerdung der Unterdrückten selbst hervorgehen.

> Der Arme als Marginalisierter ist also das Subjekt einer herausfordernden und grundlegenden Erfahrung, das Kriterium der bewussten Reflexion, die Matrix des Kampfes und des zu erobernden Ideals, das historische Sakrament des Heils, der gesellschaftliche Träger der neuen Rationalität, der neuen Kultur und der neuen geschichtlichen Gesellschaftsform, der bevorzugte Träger der Evangelisierung und das privilegierte Maß der Nachfolge Christi ..." (Almeida-Cunha 1985: 60)

Merksatz

> Die „vorrangige Option für die Armen" beschreibt den gesellschaftlichen und zugleich erkenntnistheoretischen Standort der Theologie der Befreiung, die Perspektive, von der aus die Realität analysiert wird. Dies entspricht einerseits der wissenschaftstheoretischen Einsicht, dass „neutrale" Gesellschaftswissenschaften nicht möglich sind. Andererseits wird die Befreiungstheologie dem bibeltheologischen Befund gerecht, der die Parteilichkeit Gottes für die faktisch vom Leben Ausgeschlossenen bezeugt. Diese Parteilichkeit steht nicht im Widerspruch zum universalen Heilswillen, sondern bildet gerade dessen Voraussetzung.

Basislektüre

Boff/Pixley 1986; Gutiérrez 1984; Schottroff/Stegemann [3]1990.

4 Was heißt „Befreiung“?

> Die lateinamerikanische Kirche hat eine Botschaft für alle Menschen, die in diesem Kontinent „Hunger und Durst nach der Gerechtigkeit“ haben. Derselbe Gott, der den Menschen nach seinem Bild und Gleichnis schafft [...], gibt dem Menschen Macht, die Welt mitverantwortlich umzugestalten und zu vervollkommnen. Es ist derselbe Gott, der in der Fülle der Zeit seinen Sohn sandte, der Mensch wurde, um alle Menschen aus aller Knechtschaft zu befreien, in der sie die Sünde, die Unwissenheit, der Hunger, das Elend und die Unterdrückung, mit einem Wort, die Ungerechtigkeit und der Hass gefangen halten, die ihren Ursprung im menschlichen Egoismus haben [...] In der Heilsgeschichte ist das Werk Gottes eine Handlung der ganzheitlichen Befreiung und Förderung des Menschen in seiner vollen Dimension, die als einzigen Beweggrund die Liebe hat. (Medellín II,3.4)

Mit der Kategorie „Befreiung“ wurde ein entscheidender Perspektivwechsel in der theologischen Annäherung an die historische Realität vollzogen. In der Enzyklika *Populorum progressio* Pauls VI. war noch von der „wahren Entwicklung“ die Rede. Bereits das Schlussdokument der Zweiten Generalversammlung der lateinamerikanischen Bischöfe bedient sich in bewusster Absetzung davon des Wortpaares „Unterdrückung – Befreiung“ zur Beschreibung der Wirklichkeit und formuliert das Ziel der „ganzheitlichen Befreiung“.

Gustavo Gutiérrez, der dieses neue Bewusstsein der Kirche und die diesem zugrunde liegende Praxis zum ersten Mal in den Entwurf einer systematischen Theologie der Befreiung integrierte, unterscheidet drei Ebenen der Wortbedeutung, an der ich mich im Folgenden orientieren will: 1. Befreiung von ungerechten ökonomischen, gesellschaftlichen und politischen Strukturen: 2. Befreiung als historischer Prozess, im Verlauf dessen die Menschen dazu befähigt werden, ihr Geschick selbst bewusst zu gestalten; und 3. Befreiung von der Sünde als letzter Wurzel aller Formen von Unfreiheit und Unterdrückung – Sünde hier verstanden als Nein zu Gott, das gleichbedeutend ist mit dem Nein zum Nächsten.

Die *erste Bedeutungsebene* erläutert Gutiérrez folgendermaßen: „In Lateinamerika ist man sich heute dessen bewusst, dass man, um aus der derzeitigen Situation des Elends (genauer: der Ungerechtigkeit) herauszukommen, die bestehende wirtschaftliche, soziale und politische Ordnung neu überdenken und von Grund auf verändern muss. Man ist sich dessen bewusst, dass die Länder der Dritten Welt in einem Zustand der Abhängigkeit leben. Diese Abhängigkeit trägt in sich selbst die Ursachen der Situation der Ungerechtigkeit und Unterentwicklung. Auf dieser ersten Ebene heißt Befreiung also nicht, sich von dieser oder jener ungerechten Struktur zu befreien, sondern von den Ursachen, die diese ungerechten Strukturen erzeugen. Es heißt, [...] dafür zu sorgen, dass die Völker Herren ihres eigenen Geschicks werden und eine andere Gesellschaft aufbauen können." (zit. nach Boff/Kern/Müller 1988: 50)

Mit der Wahl dieser Begrifflichkeit signalisieren die Befreiungstheologen die bewusste Entscheidung für eine Tendenz der sozioökonomischen Analyse, nämlich der in den Siebzigerjahren äußerst einflussreichen Dependenztheorie (siehe dazu weiter unten, S. 54f.). „Befreiung" ist auf dieser ersten Ebene der Gegenbegriff zu Dependenz, Abhängigkeit. Damit wenden sie sich entschieden gegen den „desarollismo", gegen jene Entwicklungsideologie also, die die Situation der „Unterentwicklung" als ein retardiertes Stadium begreift und Strategien einer nachholenden Entwicklung entwirft. Im Gegensatz dazu stimmen die Dependenztheorien mit unterschiedlichen Akzentsetzungen darin überein, dass die Situation des Massenelends in der Dritten Welt im Wesentlichen das Ergebnis von Strukturen der Abhängigkeit von den Industrieländern ist. Auch nach formaler Beendigung der Kolonialherrschaft blieben die Länder der Dritten Welt auf die Bedürfnisse der Metropolen hin orientiert. Die Redeweise von der „Entwicklung" wird als Ideologie durchschaut, die eben diese Abhängigkeit und die Tatsache verschleiert, dass die „entwickelten" Länder die Widersprüche und Dysfunktionalitäten ihrer eigenen Ökonomie auf die Bevölkerungsmehrheiten der Dritten Welt abwälzen.

Zur *zweiten Ebene* führt Gutiérrez aus: „Wenn wir sodann auf einer tieferen Ebene Geschichte als einen Befreiungsprozess des Menschen verstehen, in dem dieser sein Geschick selbst in die Hand nimmt, dann erweitern wir den Horizont der erwünschten sozialen Veränderungen und stellen ihn in den Zusammenhang eines dynamischen Prozesses. Wenn die Änderungen in dieser Perspektive gesehen werden, dann erscheint die Befreiung als Notwendigkeit des Menschen, all seine Dimensionen zu entfalten. Es entsteht das Bild eines Menschen, der sich im Laufe seiner Existenz und seiner Geschichte bildet. Die allmähliche Eroberung einer wirklichen und schöpferischen Freiheit führt zu einer permanenten Kulturrevolution, zur Schaffung eines neuen

Menschen und in Richtung einer qualitativ anderen Gesellschaft." (Gutiérrez 1992: 104)

Befreiung auf dieser Ebene meint also einen ganzheitlichen Prozess der Humanisierung, im Verlauf dessen die Menschen zu Subjekten ihrer eigenen Geschichte werden. Im Zuge der Veränderung der Strukturen verändern sich die Unterdrückten selbst, im politischen Kampf werden sie selbst zum solidarischen Subjektsein befähigt, und erst das schafft die Voraussetzung für eine qualitativ andere Gesellschaft, die – im Gegensatz zur bestehenden – selbstbewusster, ethisch handelnder Subjekte bedarf. Der Einfluss des Pädagogen Paulo Freire (1921–1997) und seines Konzeptes der Conscientização, der Bewusstseinsbildung, auf die Theologie der Befreiung und die pastorale Arbeit in ihrem Sinn kann nicht hoch genug veranschlagt werden. Die Situation der Unterdrückung betrifft die Menschen nicht einfachhin von außen. Die Unterdrückten selbst internalisieren diese Situation, reproduzieren deren Mechanismen in ihrem eigenen Bewusstsein und Verhalten. Sie verinnerlichen die Mythen, welche die Unterdrückung legitimieren, sie entwickeln psychologische Mechanismen der Anpassung an die Situation und verhalten sich passiv zur Wirklichkeit, die als gegeben hingenommen wird. Eine Durchbrechung der Strukturen der Unterdrückung gelingt nur dann auf Dauer, wenn auch die entsprechende innere Disposition der Unterdrückten selbst überwunden wird. Diese Einsicht ist bestimmend für Freires pädagogisches Konzept. Erziehung ist ihm zufolge niemals neutral. Die herkömmliche Pädagogik, die er als „Fütterungsmodell" bezeichnet, vermittelt ein gegebenes Wertesystem und dient der Stabilisierung der gesellschaftlichen Verhältnisse. Freires eigenes Konzept dagegen will den Übergang von einem magischen zu einem kritischen Bewusstsein, zum Subjektwerden, zur aktiven Partizipation und zur Befähigung der Veränderung der sozialen Welt führen. Es geht um die Herausbildung eines neuen Bewusstseins durch Praxis. Die Bewusstseinsbildung im Sinne Freires hat eine zweifache Dimension: eine reflexive, in der die inneren Widersprüche der sozialen Wirklichkeit freigelegt werden (*denuncio*), und eine nach vorne weisende, prospektive, in der die Situation als Grenzsituation begriffen wird, die sich für eine geschichtliche Dynamik auf eine humanere Gesellschaft hin öffnet (*anuncio*). Die Methode dieser Pädagogik ist – im Gegensatz zur herrschenden „Bankiers"-Methode – der problematisierende Dialog. Der befreiende Charakter dieser Pädagogik ergibt sich also nicht nur aus deren Inhalten, sondern aus der Art des Lernprozesses selbst. In einem dialogischen Lernprozess, in den Lehrer und Schüler gleichermaßen einbezogen sind, erschließen sich die Teilnehmenden die soziale Wirklichkeit und werden gleichzeitig mit sich selbst konfrontiert. Sie lernen, ihre eigene Wirklichkeit zu benennen und deren innere Widersprüche freizulegen. Bereits die Erfahrung des Dialogs, im Verlauf dessen sich die Menschen gegenseitig als Subjekte anerkennen und als solche ihre gemeinsame Welt dechiffrieren, bedingt ein kritisches Bewusstsein. Der problematisierende Dialog als Konfrontation mit der Wirklichkeit und gleichzeitig als deren Überschreitung ist das Gegenteil von Herrschaft. Das Ziel des Subjektseins der Menschen in herrschaftsfreien Verhältnissen spiegelt sich in der Methode selbst wider. (Freire 1973, bes. 37–38; 105–114) Paulo Freires Methode der Conscientização erfuhr in der Arbeit der Basisgemeinden und der verschiedenen Felder der Sozialpastoral eine breite Rezeption. Damit wurde dem dialektischen Bedingungsverhältnis von äußeren Strukturen und internalisierten Mechanismen der Unterdrückung Rechnung getragen: „… die Forderungen nach Befreiung auf kollektiver und geschichtlicher Ebene schließen nicht immer in gleicher Weise die psychologische Befreiung mit ein. Diese beinhaltet nämlich Dimensionen, die in der ersten nicht existieren oder nicht in ausreichendem Maße in sie integriert sind. Jedoch geht es nicht darum, beide Aspekte voneinander zu trennen oder sie leichtfertig einander gegenüberzustellen." (Gutiérrez 1992: 97)

Mit der *dritten Ebene* von „Befreiung" spricht Gutiérrez die ausdrücklich theologische Dimension an: „Die Bischöfe sagten in Medellín, dass die Situation Lateinamerikas eine Situation der Sünde sei. Das ist keine soziologische, sondern eine theologische Betrachtungsweise. Ich glaube, dass der Konflikt zwischen Sünde und Gnade die innerste Wirklichkeit der Geschichte ist …" (Zit. nach Boff/Kern/Müller 1988: 50). Mit ihrer Redeweise von einer „Situation der Sünde" bzw. von „struktureller Sünde" (Puebla 281), die auch von Papst Johannes Paul II. rezipiert wurde, haben die lateinamerikanischen Bischöfe bzw. die Befreiungstheologen einen wichtigen theologischen Begriff „entprivatisiert". Wenngleich hier sicher noch etliches an theologischer Reflexionsarbeit zu leisten ist, kommt der Theologie der Befreiung hier das unbezweifelbare Verdienst zu, darauf aufmerksam gemacht zu haben, dass Situationen, die dem Heilswillen Gottes widersprechen, nicht einfach aus individuellen Verhaltensweisen heraus erklärt werden können. Es entspricht weder dem biblischen Befund (vgl. etwa die johanneische Redeweise von der „Sünde der Welt") noch der kirchlichen Tradition, Sünde und Gnade zu individualisieren. Dies ist eher dem die Moderne prägenden cartesianischen Individualismus geschuldet. Dem *mysterium iniquitatis* wird man jedenfalls nicht gerecht, wenn man Sünde in den Bereich der individuellen Tugendlehre ansiedelt. Strukturen, die Menschen ihrer fundamentalen Lebensmöglichkeiten berauben, widersprechen diametral der universalen Lebensverheißung Gottes.

> Wenn es [...] in der Perspektive der Theologie der Befreiung etwas Konstantes gibt, dann ist es ihre Ablehnung des naiven Optimismus der Fortschrittsideologien, die der Sünde innerhalb des geschichtlichen Dramas der Menschheit nicht den ihr gebührenden Ort zuweisen. Aber es geht nicht um die private, intime Wirklichkeit, die man zugibt, soweit sie lediglich einer „spirituellen" Erlösung bedarf, aber ohne die Gesellschaftsordnung in Frage zu stellen, in der man lebt. Wir haben es vielmehr mit der Sünde als gesellschaftlicher, geschichtlicher Tatsache, als mangelnder Brüderlichkeit und als Bruch der Freundschaft mit Gott und in der Folge als innerer, persönlicher Zerrissenheit zu tun. Die Sünde zeigt sich in bedrückenden Strukturen, in der Unterdrückung und Ausplünderung von Völkern, Rassen und Gesellschaftsklassen; was sich dem Reich der Liebe und des Lebens entgegenstellt, erscheint so als die letzte Wurzel einer Situation von Ausbeutung und Ungerechtigkeit. (Gutiérrez 1980: 735)

Eine Gottes Heilswillen widersprechende, sündige Situation im Gegensatz zu individuellem Fehlverhalten angemessen theologisch zu denken gelingt der Theologie der Befreiung m. E. mittels der Kategorien von Fetischismus und Götzendienst innerhalb der Gotteslehre (vgl. weiter unten S. 77 ff.).

Dieselbe „Entprivatisierung" wird auch bereits mit der Wahl des Begriffes „Befreiung" selbst geleistet. Bibeltheologisch ist der Ausdruck „Befreiung" für das geschichtsmächtige Handeln Gottes und als zentraler Inhalt der Reich-Gottes-Botschaft Jesu (vgl. Lk 4,18–19) gut belegt. Im Gegensatz zu Synonymen wie „Erlösung", die von einer einseitigen spiritualistischen Auslegungsgeschichte belastet sind, ist der Begriff „Befreiung" heute eher dazu geeignet, die konkrete geschichtliche und gesellschaftliche Relevanz der biblischen Heilsverheißung zum Ausdruck zu bringen, ohne sie freilich auf rein innerweltliche Utopien einzuebnen.

Die Unterscheidung dieser drei Ebenen macht unterschiedliche Dimensionen und Aspekte der einen, ganzheitlichen Befreiung deutlich, die freilich in ihrer grundlegenden Einheit zu sehen ist. Kein anderer Begriff ist so geeignet, die konkrete historische Situation mit dem zentralen Inhalt der biblischen Heilsverheißung zu verknüpfen und dadurch die aktuelle geschichtliche Herausforderung in ihrer theologischen Dignität herauszustellen.

Merksatz

> Drei Ebenen von „Befreiung" können unterschieden werden: 1. Befreiung von sozioökonomischer Unterdrückung. Auf dieser Ebene machen die Befreiungstheologen durch die Wahl des Begriffes – als Gegenbegriff zu Dependenz, Abhängigkeit – bereits ihre Option für die Dependenztheorie deutlich. 2. Befreiung als Ermächtigung der Unterdrückten im Verlauf eines historischen Prozesses. Diese Ebene wird dem Befund gerecht, dass die Unterdrückten die äußeren Strukturen internalisiert haben. 3. Befreiung als Beschreibung des Heilshandelns Gottes. Besser als etwa „Erlösung" wird damit die historische und gesellschaftliche Dimension dieses Heilshandelns zum Ausdruck gebracht.

Basislektüre

Gutiérrez 1980; Gutiérrez 1992.

Exkurs

Befreiung als dialektischer Begriff

Es dürfte kein Zufall sein, dass Ignacio Ellacuría und Jon Sobrino, die Jesuitentheologen in El Salvador, von denen einer den Märtyrertod starb, den *dialektischen Charakter des Begriffs „Befreiung"* in seinem theologischen Gehalt am prägnantesten herausgearbeitet haben. In der konfliktiven Situation ihres Landes haben sie die christliche Heilsbotschaft vor dem Hintergrund der Gegenmächte von Sünde und Tod gegen alle Tendenzen der Verinnerlichung oder des naiven Fortschrittsoptimismus neu gelesen. Erst der gesellschaftliche Standort an der Seite der Opfer ermöglicht es, den zentralen Stellenwert von „Befreiung" in der Bibel zu entdecken und die Konfliktivität der Wirklichkeit theologisch zu denken (vgl. zum Folgenden Sobrino 1987):

Die christliche Utopie, das von Jesus verkündete Reich Gottes, ist eschatologisch und historisch gleichermaßen, da es im Lauf der Geschichte Gestalt annimmt. Sie ist dialektisch, denn ihr Ausgangspunkt ist nicht eine Situation der *tabula rasa*, sondern sie hat sich gegen mächtige Gewalten durchzusetzen. Dies ist genau der Grund, warum das Christentum von Befreiung, also von Überwindung der Mächte des Todes, spricht. Dieser Begriff ist – im Gegensatz etwa zu „Erlösung" – umfassender, historischer und biblischer (in der Traditionslinie des Exodus, der Propheten und Jesu). Die massive und grausame Realität der Ungerechtigkeit ist der bestimmende Grundzug der gegenwärtigen Welt. Ihre Folgen sind der schleichende Tod durch Armut und der gewaltsame Tod durch Unterdrückung. Dabei handelt es sich um eine historische Situation in dem Sinne, als sie grundlegend aus der strukturellen Verfasstheit der Welt hervorgeht, und sie ist gesellschaftlich, weil sie nicht nur einzelne Menschen, sondern ganze Völker, ja zwei Drittel der Menschheit betrifft. Diese *gekreuzigte Menschheit* ist das Zeichen der Zeit schlechthin, welches die verborgene Wahrheit unserer Welt offenbar macht und danach ruft, vom Kreuz herabgeholt zu werden. Eben dies war auch der Blick der in Medellín versammelten Bischöfe auf die Realität: „Es erhebt sich ein stummer Schrei von Millionen von Menschen, die von ihren Hirten eine Befreiung erbitten, die ihnen von keiner Seite gewährt wird." (Medellín 14,2) Genau dies erfordert und ermöglicht auch die erste und grundlegende *theologische Deutung* der Wirklichkeit im Sinne von *Befreiung*: „So wie einstmals Israel, das erste Volk, die rettende Gegenwart Gottes erfuhr, als er es aus der Unterdrückung Ägyptens befreite, als er es das Meer durchschreiten ließ und es zum Land der Verheißung führte, so können auch wir, das neue Volk Gottes, nicht umhin, seinen rettenden Schritt zu spüren, wenn ‚die wahre Entwicklung …, die für jeden Einzelnen und für alle der Weg von weniger menschlichen zu menschlicheren Lebensbedingungen ist …'" (Medellín, Einleitung, 6).

Die christliche Befreiung hat man für gewöhnlich auf die Vergebung der Sünden reduziert. Doch ihrem Wesen wird *eine umfassendere Sichtweise* eher gerecht. Paulus etwa spricht von der Befreiung von Sünde, Tod und Gesetz. Diesen umfassenderen Gehalt von Befreiung haben sich die Befreiungstheologen wieder angeeignet. „Die Befreiung betrifft vor allen Dingen die Grundbedürfnisse, ohne deren gesicherte Befriedigung ein menschliches Leben im emphatischen Sinn des Wortes oder gar ein Leben, wie es der Würde von Kindern Gottes entspricht, nicht möglich ist […] An zweiter Stelle meint Befreiung die Befreiung von den Wahnbildern und Wirklichkeiten, die die Menschen in Angst und Schrecken versetzen […], das, was man Befreiung von der Unterdrückung nennen muss […] Unter der Voraussetzung dieser zwei Arten von Befreiung, aber zeitgleich mit ihnen, meint Befreiung sodann die persönliche und kollektive Befreiung von jeglicher Abhängigkeit … [die] die Freiheit aufhebt, wenn sie verinnerlicht wird […] Schließlich meint Befreiung die Befreiung von sich selbst, aber von sich als einer absolut absoluten Wirklichkeit, die es in Wahrheit nicht ist und die den Götzendienst ermöglicht." (Ellacuría 1985: 224–225).

Diese ganzheitliche Sicht von Befreiung hat zwei für den Glauben bedeutende Konsequenzen: Zunächst setzt sich der Mensch mit der Totalität ins Verhältnis: mit der Geschichte als ihr Herr, mit den Menschen als Bruder bzw. Schwester und mit Gott als dessen Kind. Zweitens wird die Gnade mit der ethischen Forderung in eins gesetzt: „Befreit, um zu befreien" (G. Gutiérrez). Für die Theologie eröffnet dies die Möglichkeit, vom Grundwort „Befreiung" aus eine umfassende Theologie zu entwickeln, die alle Traktate umfasst: Gott, Jesus Christus, Kirche, Gnade und Sünde …

Für eine dialektische Sichtweise von Befreiung ist entscheidend, dass das Böse nicht pure Negativität ist, dass es auch nicht einfach da ist, sondern dass es eine Kraft ist, welche versklavt und Opfer hervorbringt. Es geht also nicht nur um eine Befreiung *von*, sondern um eine Befreiung *gegen*. Innerhalb der Geschichte vollzieht sich der Kampf zwischen dem befreienden Gott und den historischen Götzen (Akkumulation von Reichtum, Doktrin der nationalen Sicherheit …), zwischen dem Reich Gottes und dem Anti-Reich. Die Befreiung setzt Kampf voraus und entdeckt auf diese Weise die dialektische Dimension der Propheten (gegen diejenigen, die Reichtum anhäufen, und für die Waisen und Witwen), Jesu von Nazaret (die Seligpreisungen und Weherufe) und des Evangelisten Johannes (gegen den Bösen, den Lügner und Mörder von Anbeginn) wieder. Aus diesem Grund führt die Befreiung schließlich zum Martyrium, beginnend mit der Kreuzigung Jesu bis zu den unzähligen Märtyrern der Gegenwart, Märtyrern des Reiches Gottes, der Gerechtigkeit und der Befreiung.

Die moderne Theologie der Aufklärung hat die Freiheit wiederentdeckt, nicht aber die Befreiung, obwohl Letztere in der Bibel eine nicht zu übersehende Wirklichkeit ist. Die Theologie der Befreiung hingegen hat diese Dimension wiederentdeckt, weil sie sich von der Wirklichkeit berühren ließ. Und so wie die Freiheit in säkularen und im Überfluss lebenden Gesellschaften ein zentrales theologisches Thema wurde, so wurde die Befreiung theologisch in der Welt der Unterdrückung, der Armen und der Opfer wiederentdeckt. Die Quellen der Theologie stellen sich je nach gesellschaftlichem Standort offensichtlich anders dar. Erst in einer Welt der Unterdrückung entdeckt man den zentralen Stellenwert wieder, den die Befreiung in der Bibel innehat.

Hinweis

Über den lateinamerikanischen Kontinent und den christlichen Kontext hinaus wurden der Grundansatz der Befreiungstheologie und deren Methode – mit entsprechenden spezifischen Akzentsetzungen – ebenfalls lebhaft rezipiert. In diesem Sinne hat sich etwa die sogenannte *Schwarze Theologie* im afrikanischen Kontext entwickelt, die den Rassismus stark akzentuiert, aber vor dem Hintergrund der eigenen religiösen Traditionen das Verständnis des Lebens als umfassendes Beziehungsnetzwerk in den Vordergrund stellt. In Asien sind vor allem die in Südkorea entstandene *Minjung-Theologie* und die indische *Dalit-Befreiungstheologie* von Bedeutung. Erstere will die Lebenspraxis ausgehend von den Leidenserfahrungen des einfachen Volkes (Minjung meint die macht- und besitzlosen Massen) reflektieren, hat aber bereits sehr früh ökologische Gesichtspunkte integriert. Die Dalit-Befreiungstheologie, die vor allem mit dem Namen des Jesuiten *Aloysius Pieris* verbunden wird, hat unter anderem eine Christologie der Befreiung im interreligiösen Kontext entwickelt. An die Stelle der Kirchlichen Basisgemeinden treten hier die menschlichen Basisgemeinschaften als Subjekt. Im außerchristlichen Bereich ist vor allem der jüdische Theologe *Marc H. Ellis* von Bedeutung. Er geht von der Frage aus, wie man eigentlich von der Erfahrung des Holocaust her behaupten kann, dass Gott auf der Seite der Unterdrückten steht. Ein religiöses Bekenntnis zum Gott des Exodus besitzt für ihn nur dann Glaubwürdigkeit, wenn man praktisch an der Seite derer kämpft, die Tod und Gottverlassenheit durchmachen. Die Resonanz der lateinamerikanischen Befreiungstheologie in anderen Ländern der Peripherie, in anderen religiösen Kontexten und in den Ländern des Zentrums ist hervorragend dargestellt in Duchrow 2013: 123–204. Die umfassendste und ausführlichste Rezeptionsgeschichte in den verschiedenen geografischen und gesellschaftlichen Kontexten bietet Fornet-Betancourt (Hg.) 1997.

III Sozialanalytische Vermittlung

1 Dependenz: eine Änderung der Perspektive

> Unter Abhängigkeit verstehen wir eine Situation, in der die Wirtschaft bestimmter Länder bedingt ist durch die Entwicklung und Expansion der Wirtschaft eines anderen Landes, der sie unterworfen ist. Das Verhältnis der Interdependenz [...] nimmt die Form der Abhängigkeit an, wenn einige Länder (die beherrschenden) in der Lage sind, zu expandieren und sich aus eigener Kraft kontinuierlich zu entwickeln, während andere (die abhängigen) das nur als Reflex dieser Expansion tun können ... (dos Santos 1972: 243)

Diese klassische Definition von Abhängigkeit kann für alle dependenztheoretischen Ansätze als Grundkonsens festgehalten werden. In diesem Sinne greifen auch die Schlussdokumente von Medellín und Puebla das Stichwort „Abhängigkeit" auf und signalisieren dadurch eine grundsätzliche Übereinstimmung mit den zentralen Einsichten der Dependenztheorie (vgl. Medellín, Frieden, 8; Puebla 66). Die Kritik der Dependenztheorie an den herkömmlichen Entwicklungstheorien wandte sich vor allem gegen zwei Erklärungsmuster: gegen die Stadientheorie und gegen die Dualismustheorie. Die Stadientheorie der Entwicklung ging davon aus, dass die Entwicklung der unterentwickelten Länder grundsätzlich demselben Muster folgt wie die der Industrieländer, nur eben mit entsprechender zeitlicher Verzögerung. Unterentwicklung ist demnach ein retardiertes Stadium, das frühen Entwicklungsphasen in den Industrieländern entspricht. Als praktische Konsequenz folgt aus diesem Deutungsmuster eine Industrialisierungsstrategie nach dem Vorbild der Industrieländer. Die Dualismusthese hingegen geht von einem Nebeneinander zweier Sektoren in den Entwicklungsländern aus, nämlich einem traditionellen, von Subsistenzwirtschaft bzw. feudalen Strukturen geprägten Landwirtschaftssektor und einem modernen Sektor, der sich durch hohe Wachstumsraten, Industrialisierung, kapitalistische Produktionsweise, Monetarisierung der Wirtschaft und intensive Beziehungen mit dem Ausland auszeichnet. Gerade das gegenseitige Bedingungsverhältnis dieser beiden ökonomischen Pole gerät dabei aus dem Blick.

Dagegen spricht die Dependenztheorie von der „Entwicklung der Unterentwicklung“ und zeigt auf, dass gerade erst die einseitige Weltmarktintegration die strukturelle Unterentwicklung hervorgebracht hat. Unterentwicklung wird als ein konstitutiver Bestandteil einer bestimmten historischen Entwicklungsstufe des weltweiten Kapitals begriffen und analysiert. Sie geht aus den inneren Widersprüchen des kapitalistischen Weltwirtschaftssystems selbst hervor und ist deren Reflex.

> Entwicklung und Unterentwicklung sind weder zwei voneinander unabhängige Größen, noch zwei aufeinander folgende Stadien, sondern zwei miteinander verklammerte Prozesse. Die lateinamerikanische Unterentwicklung ist die Schattenseite der nordatlantischen Entwicklung. Die nordatlantische Entwicklung ist auf der Entwicklung der Dritten Welt gegründet. Die grundlegenden Kategorien, in denen unsere Geschichte verstanden werden muss, heißen nicht Entwicklung und Unterentwicklung, sondern Herrschaft und Abhängigkeit. Das ist der springende Punkt. (Miguez-Bonino 1977: 26–27)

Allerdings unterscheidet sich die Dependenztheorie auch wesentlich von den älteren Imperialismustheorien (Lenin, Luxemburg, Hilferding etc.), die ja ebenfalls den Anspruch hatten, die Situation der kolonialisierten Länder aus dem selbstwidersprüchlichen Prozess der Kapitalverwertung heraus zu beschreiben. Bei aller Unterschiedlichkeit der verschiedenen dependenztheoretischen Ansätze sehe ich vier wesentliche Gemeinsamkeiten, die gleichzeitig die stärkere theoretische Komplexität gegenüber den herkömmlichen Imperialismustheorien deutlich machen. Entscheidend ist hier der *Wechsel der Perspektive*: Im Gegensatz zu den bekannten Imperialismustheorien ist der Standpunkt, von dem aus die Dependenztheoretiker die Situation analysieren, der der abhängigen Länder selbst:

1. Die aktuelle Situation der Abhängigkeit wird in historischer Perspektive analysiert, das heißt in ihrer Genese und in ihrem Verlauf seit der Kolonialzeit, als deren Produkt die gegenwärtige Unterentwicklung zu einem guten Teil zu verstehen ist.
2. Das Phänomen der Unterentwicklung wird als notwendige Folge und Teil der weltweiten Expansion des Kapitalismus analysiert. Unterentwicklung ist im Wesentlichen das Resultat jahrhunderte-

langer Integration in die weltweite kapitalistische Entwicklung, die ihrerseits auf die unterentwickelten Länder angewiesen war und ist. Unterentwicklung und Entwicklung sind funktional aufeinander bezogen.

3. Die Dependenztheorie analysiert die Verschränkung von exogenen und endogenen Faktoren aus der Perspektive der Peripherie. Spezifische Verhältnisse in den Ländern der Peripherie selbst sind unabdingbar dafür, dass die Mechanismen der externen Abhängigkeit greifen können. Die Eigentums-, Produktions- und Machtverhältnisse in der Peripherie selber, die Rolle einheimischer Eliten etc., die die Dominanz externer Faktoren allererst möglich machen, müssen in die Analyse mit einbezogen werden.
4. Die Dependenztheorie hat den Anspruch einer umfassenden Analyse, die neben den ökonomischen Aspekten auch die politischen, gesellschaftlichen, kulturellen und ideologischen Komponenten berücksichtigt. Sie geht interdisziplinär vor und ist im Gegensatz zu jedem ökonomischen Reduktionismus von der Einsicht geleitet, dass die Durchdringung der Länder der Peripherie durch die Strukturen des internationalen Kapitals auf den unterschiedlichen genannten Ebenen stattfindet.

Basislektüre

Nohlen/Nuscheler (Hg.) 1993.

2 Die „Entwicklung der Unterentwicklung"

Die Eingliederung der Länder Lateinamerikas in den Weltmarkt begann bereits mit der Kolonialgeschichte im 16. Jahrhundert (vgl. zum Folgenden vor allem Kern 1992: 80–97). Die Ausbeutung der überseeischen Kolonien (Edelmetalle, exotische Stoffe ...) war ein wichtiger Faktor für die Entwicklung des Handels- und Bankkapitals sowie des Manufakturwesens in Europa. Der Beginn der industriellen Revolution wurde wesentlich durch diese Form der „ursprünglichen Akkumulation" ermöglicht. In der zweiten Hälfte des 19. Jahrhunderts verfestigten sich die Strukturen der internationalen Arbeitsteilung. In Lateinamerika war die Produktionsstruktur im Wesentlichen von der Nachfrage des hegemonialen Zentrums geprägt, besser gesagt: verzerrt. Die landwirtschaftliche Produktion spezialisierte sich in diesem

Sinne, es kam zur Herausbildung von Monokulturen, und auch die industrielle Produktion stand völlig unter der Vorherrschaft des Exportsektors. Die Entwicklung eines tragfähigen einheimischen Marktes wird dadurch erschwert. Großgrund- und Minenbesitzer bilden die einheimische Elite. Entscheidend ist, dass die Überausbeutung der Länder der Peripherie, die hohe Verfügbarkeit landwirtschaftlicher Produkte und Rohstoffe die Industrialisierung in den kapitalistischen Zentren erst möglich machte.

Mitte der Fünfzigerjahre verfolgten die meisten lateinamerikanischen Länder eine ökonomische Strategie der Importsubstitution, welche die nach außen orientierte Entwicklung ersetzen sollte. Doch dieses Modell stieß auf innere Grenzen. Man war in großem Maß vom Import von Investitions- und Zwischengütern abhängig. Der entsprechende Devisenbedarf bedingte eine forcierte Exportorientierung des traditionellen, landwirtschaftlichen Sektors. Anstatt einer sich selbst tragenden wirtschaftlichen Entwicklung bildete sich eine neue Form der internationalen Arbeitsteilung heraus (herkömmlicher Export von Rohstoffen und landwirtschaftlichen Produkten, Import von Produktionsanlagen und Zwischengütern). In den Ländern des Zentrums hatte sich der Investitionsgütermarkt so stark entwickelt, dass er ein starkes Interesse an dieser Form der Industrialisierung der Peripherie bewirkte. Das Scheitern dieses in Lateinamerika vor allem von populistischen Regierungen verfolgten Modells wurde bald offenkundig: Die sozialen Gegensätze verschärften sich, Massenelend, Hunger und Arbeitslosigkeit waren die Folge, und die Abhängigkeit vom Ausland wurde keineswegs reduziert.

Seit den Sechzigerjahren erfolgte die Industrialisierung hauptsächlich durch Direktinvestitionen ausländischen Kapitals. Die Länder der Peripherie stellten kostengünstig die benötigte Infrastruktur bereit (z.B. billige Energie), die multinationalen Konzerne genossen Privilegien wie weitgehende Steuer- und Zollfreiheit, und ihnen standen vielfältige Möglichkeiten des Gewinntransfers in die Mutterländer offen. Der Devisenbedarf der Länder der Peripherie nahm enorm zu und schuf die Grundlagen für die Verschuldungskrise, die Anfang der Achtzigerjahre mit aller Macht zum Ausbruch kam. Auch diese Phase der Abhängigkeit lässt sich von der kapitalistischen Entwicklung der Zentren her begreifen: Das Wachstumsmodell der Nachkriegszeit stieß an seine Grenzen. Produktivitätsorientierte Lohnsteigerungen, ein hohes Beschäftigungsniveau und starke Gewerkschaften, die die nötige Massenkaufkraft sicherten, bedrohten gleichzeitig die Profitrate der Konzerne. Neben Rationalisierungsstrategien war die Auslagerung der Produktion in Billiglohnländer eine entscheidende Strategie. Die mögliche Fragmentierung des Produktionsprozesses sowie die Transport-und Kommunikationsmittel machten es möglich, das schier unerschöpfliche Potenzial billiger, jederzeit mobilisierbarer Arbeitskraft an der Peripherie zu nutzen.

Die in den Achtzigerjahren ausbrechende Verschuldungskrise stellte den vorläufigen Kulminationspunkt der Abhängigkeit dar und wurde dazu genutzt, sie weiter zu zementieren. Es ist irreführend, von einer Verschuldungskrise der Dritten Welt zu sprechen, denn in Wahrheit handelte es sich um eine tiefe Krise der Länder des Zentrums, deren Folgen die Länder der Peripherie zu tragen hatten. Ende der Sechzigerjahre bereits zeigte sich, dass das kapitalistische Akkumulationsmodell in die Krise geraten war. Fehlende produktive Investitionsmöglichkeiten für das akkumulierte Kapital führten zu einer Überliquidität. Dazu gesellten sich in den Siebzigerjahren noch die „Petrodollars" der erdölproduzierenden Länder, die starke Preiserhöhungen durchsetzen konnten. Das überflüssige, produktiv nicht investierbare Geldkapital suchte – vor allem über den sogenannten Eurodollarmarkt, also über Bankgeschäfte außerhalb der Kontrolle der Zentralbanken – lukrative Anlagemöglichkeiten. Die Länder der Peripherie, in denen eine Strategie der aufholenden Industrialisierung – propagiert unter anderem von der UNO und von Kennedys „Allianz für den Fortschritt" – verfolgt wurde, boten sich hierfür an und gerieten immer mehr in die Schuldenfalle. Ein wesentlicher Faktor der Verschuldung waren Infrastrukturprojekte (etwa im Energiesektor) zugunsten des ausländischen Kapitals. Verschärfend hinzu kam der ungeheure Finanzbedarf der USA, die das weltweit größte Handels- und Leistungsbilanzdefizit realisierten, die jedoch aufgrund der Tatsache, dass der US-Dollar die Weltreservewährung bildet, diese Defizite auf Kosten anderer bewältigen. Einseitig kündigten die USA bereits Anfang der Siebzigerjahre die Vereinbarungen des Bretton-Woods-Systems auf und gingen zu flexiblen Wechselkursen über. Auslöser hierfür war zunächst der Finanzierungsbedarf für den Vietnamkrieg. Um ausländisches Geldkapital zur Begleichung ihrer Defizite ins Land zu locken, verfolgten die USA Anfang der Achtzigerjahre eine Hochzinspolitik (der Leitzinssatz wurde auf bis zu 21 % erhöht!), was auch einen hohen Dollarkurs bedingte. Für die verschuldeten Länder der Peripherie war das fatal. Die zu flexiblen Zinssätzen vereinbarten Kredite konnten nur noch durch neue Kredite bedient werden. Der Zwang zur Devisenbeschaffung um jeden Preis forcierte die Abhängigkeit. Der Internationale Währungsfond (IWF) wurde zum Instrument der Durchsetzung der Interessen der Industrieländer. Die von ihm formulierten Auflagen als Voraussetzung für neue Kredite (Senkung der Reallöhne und Sozialausgaben, Abwertung der Landeswährung, verstärkte Förderung des Exports, Schaffung günstiger Bedingungen für die Ansiedlung ausländischen Kapitals, „Strukturanpassungsmaßnahmen“ ...) machen die Auswirkungen auf die Bevölkerung hinreichend deutlich, aber auch die Strategie der Gläubigerländer, die Schuldenkrise schamlos zu nutzen, um einen Ausverkauf der verschuldeten Länder der Peripherie zu betreiben.

Heute hat sich die Situation vor allem der seinerzeit hoch verschuldeten Schwellenländer (allen voran Brasiliens) wesentlich verändert. Unter dem Vorzeichen immer knapper werdender Rohstoffe und entsprechender höherer Weltmarktpreise konnten sie ihre Position gegenüber den traditionellen Industrieländern verbessern. An den Grundstrukturen der Abhängigkeit aber hat sich kaum etwas geändert. Obwohl sich die soziale Situation innerhalb der Länder deutlich verbessert hat, hat die Ungleichverteilung, die interne soziale Kluft, kaum abgenommen. Das – kurzfristig scheinbar erfolgreiche – Wachstumsmodell hat seine Grundlage nach wie vor in einem forcierten Raubbau an den natürlichen Ressourcen. Vor allem aber wird heute deutlich, dass die Geschichte der Abhängigkeit und die Dependenztheorie unter dem Gesichtspunkt der ökologischen Zerstörung und Ausplünderung der Natur völlig neu geschrieben werden müsste. Aus heutiger Sicht ist dies ein deutliches Defizit der Dependenztheorie. Und innerhalb der Theologie sind es lediglich die vor allem von Leonardo Boff formulierte „Ökotheologie der Befreiung“ (siehe weiter unten S. 105ff.) sowie einschlägige Arbeiten Franz Hinkelammerts, die diesem so grundlegenden Aspekt gerecht zu werden versuchen.

Basislektüre

Füssel u.a. (Hg.) 1989.

3 Befreiung als Gegenbegriff zur Dependenz

> Die Dependenz erscheint als eine Tatsache [...] Über diese Tatsache entwickelt man eine Theorie, die auf der Suche ist, die sich selbst kritisiert; [...] wenn die Theologie der Befreiung die Tatsache der Dependenz berücksichtigt, dann muss sie zugleich auch die Theorie der Dependenz berücksichtigen. Und sie berücksichtigt sie in kritischer Weise. Jedoch muss die Theologie der Befreiung für die Veränderungen und Kritiken der Dependenztheorie noch aufmerksamer werden, Verallgemeinerungen vermeiden und sich durch andere Analysen und Fragestellungen bereichern. (CELAM, zitiert nach: Gutiérrez 1986, 51)

Das Zitat des CELAM, des (seit 1972 konservativ gewendeten!) lateinamerikanischen Bischofsrates, macht ebenso wie die Dokumente von Medellín und Puebla deutlich, wie breit die Rezeption der Dependenztheorie innerhalb der lateinamerikanischen Kirche war. Dem Postulat einer eigenständigen, kritischen Aneignung der Dependenztheorie werden die Befreiungstheologen weitgehend gerecht. Die oben angeführten vier Grundmerkmale, die für die unterschiedlichen dependenztheoretischen Ansätze als Gemeinsamkeit zugrunde gelegt werden können (historische Perspektive, interdisziplinärer Charakter, Zusammenhang von exogenen und endogenen Faktoren, Bezugsrahmen der kapitalistischen Weltwirtschaft) finden sich bei den meisten Befreiungstheologen recht deutlich wieder.

Auffallend ist jedoch der Befund, dass die Mehrzahl der Befreiungstheologen sich diejenigen Ausformulierungen der Dependenztheorie aneignet, die mithilfe der Kategorien einer marxistischen Analyse die Strukturen der Abhängigkeit auf die Funktionsweise und die immanenten Widersprüche des Kapitalismus selbst zurückführen. (Bordin 1987: 137–142) Dies lässt sich bereits an den Namen der Dependenztheoretiker ablesen, die von der Befreiungstheologie am intensivsten rezipiert werden (Theotonio dos Santos, Samir Amin, A. Gunder Frank, Mauro Marini ec.). Die Analyse der Abhängigkeitsmechanismen der peripheren Länder wird konsequent auf die dem Kapitalismus selbst eingeschriebene Logik zurückgeführt. Die Situation Lateinamerikas ist nicht nur einer bestimmten Ausprägung oder Phase des Kapitalismus geschuldet, sie geht vielmehr notwendig aus den kapitalistischen Produktionsverhältnissen selbst, das heißt aus dem Grundwiderspruch zwischen vergesellschafteter Produktion einerseits und privater Aneignung der Produktionsmittel andererseits, hervor. Daraus ergibt sich aber als Konsequenz, dass man als Alternative zum abhängigen Kapitalismus für eine sozialistische Ökonomie und Gesellschaft plädiert. Am deutlichsten wurde dies auf dem Kongress der Christen für dem Sozialismus in Chile im Jahr 1972 formuliert, an dem Befreiungstheologen der „ersten Stunde“ wie Gustavo Gutiérrez, Mendez Arceo, Giulio Girardi und Hugo Assmann teilnahmen. Aber auch bei Leonardo Boff, Raúl Vidales, José Miguez-Bonino und selbstverständlich bei Enrique Dussel findet man eine im unterschiedlichen Grad ausgearbeitete explizite Kapitalismuskritik.

Exkurs

Im Fokus der Auseinandersetzung: Die Theologie der Befreiung und der Marxismus

In der Auseinandersetzung um die Theologie der Befreiung spielte die Frage des Marxismus die entscheidende Rolle. So lautete auch der Hauptvorwurf in der Instruktion der Kongregation für die Glaubenslehre aus den Jahr 1984, die Theologie der Befreiung würde in unkritischer Weise Anleihe beim Marxismus nehmen. Dieses Dokument spiegelt – wie viele andere Stellungnahmen innerkirchlicher und anderer Gegner der Befreiungstheologie – jedoch viel eher ein überkommenes Feindbild und äußerst grobschlächtige Ansichten über „den Marxismus“ selbst wider, als dass es sich tatsächlich mit den sehr differenzierten Aussagen der Befreiungstheologie selbst auseinandersetzte. Andererseits haben wohlmeinende europäische Verteidiger der Befreiungstheologie diese gerade dadurch ihrer provokativen Kraft beraubt, dass sie – spiegelbildlich zu den Gegnern – jede Nähe zum Marxismus leugneten. Es lohnt sich, hier näher hinzusehen (vgl. hierzu vor allem Kern 1992).

Negativ kann zunächst festgestellt werden: Keine nennenswerte Strömung innerhalb der an der Befreiungstheologie orientierten kirchlichen Bewegung und kein einziger Befreiungstheologe rezipieren den Marxismus in jener marxistisch-leninistischen Version, welche die offizielle Doktrin der Sowjetunion und ihrer Verbündeten bildete. Dies lag bereits deshalb nicht nahe, weil die an der KOMINTERN orientierten politischen Parteien einen marginalen Einfluss innerhalb Lateinamerikas hatten und in ihrer politischen Ausrichtung in diametralem Widerspruch zu den vielfältigen Basisbewegungen standen, welche den praktischen Nährboden der Theologie der Befreiung bildeten. Die orthodoxen kommunistischen Parteien in Lateinamerika spielten faktisch überwiegend eine reaktionäre Rolle, weil sie von der Idee einer bestimmten Entwicklungslogik überzeugt waren und die Herausbildung einer voll entwickelten Industrialisierung als Voraussetzung für eine sozialistische Gesellschaft betrachteten. Objektiv wurden sie damit zu Befürwortern jener fatalen Entwicklungsstrategien, die die Abhängigkeit der lateinamerikanischen Länder vertieften.

Die Rezeption einer marxistischen ökonomischen Analyse erfolgte zunächst über die Aneignung der Dependenztheorie. Hier kann man sehr eindeutig feststellen, dass die Mehrzahl der Befreiungstheologen jene Spielarten der Dependenztheorie bevorzugt, die die Situation der Abhängigkeit aus dem Grundwiderspruch des Kapitalismus selbst herleiten. Dieser Grundwiderspruch ist – Karl Marx zufolge – der zwischen der vergesellschafteten Produktion einerseits und der privaten Aneignung der Produktionsmittel andererseits. Die Krisentendenzen des Kapitalismus ergeben sich genau aus diesem Widerspruch. Das kapitalistische Konkurrenzprinzip und der Zwang zur Kapitalverwertung haben eine Kapitalakkumulation auf immer höherer Stufenleiter zur Folge, die aber unweigerlich ihre eigenen Verwertungsbedingungen – in einem weltweiten Produktivitätswettlauf – untergräbt. Auch wenn die konkrete ökonomische Analyse des aktuellen Kapitalismus selbstverständlich weit über Marx hinaus verweist, so ist sie, solange sie von dem eben skizzierten Grundwiderspruch ausgeht, mit Fug und Recht als marxistisch zu bezeichnen. Luigi Bordin ist deshalb Recht zu geben, wenn er festhält: „Wenn Gutiérrez, Assmann, C. und B. Boff etc. von ‚marxistischer Analyse‘ oder von einem kritischen und offenen Gebrauch des Marxismus sprechen, dann beziehen sie sich genauer gesagt auf die Analysen, die von der marxistischen Strömung der Dependenztheorie ausgearbeitet wurden. Dies erhellt vor allem aus den Schlussfolgerungen, die diese Theologen aus jenen Analysen ziehen. Sie übernehmen nicht nur eine antiimperialistische, sondern eine antikapitalistische Position und eine klare Option für den Sozialismus.“ (Bordin 1987: 132). Allerdings geht aus dem oben skizzierten konsensualen Selbstverständnis der Dependenztheorie hervor, dass sich diese gegen jede lineare Entwicklungslogik und gegen jede Art von Ökonomismus sperrt, was bestimmte Formen des Marxismus von vornherein ausschließt.

Die Rezeption des Marxismus durch die Befreiungstheologie bezieht sich jedoch nicht nur auf die Ebene der ökonomischen Analyse. Diese ist ja von bestimmten methodischen Vorentscheidungen nicht zu trennen. Das methodische Selbstverständnis der Theologie der Befreiung als einer Theologie unter dem Primat der Praxis geht dezidiert von der Marx'schen Einsicht aus, dass die sinnlich-tätige Auseinandersetzung des Menschen mit der Natur Subjekt und Objekt ursprünglich miteinander vermittelt. Dies ist ja der Kern des Marx'schen historischen Materialismus, der mit einem wie immer gearteten weltanschaulichen Materialismus nichts zu tun hat: „Die Voraussetzungen, mit denen wir beginnen, sind keine willkürlichen, keine Dogmen, es sind wirkliche Voraussetzungen, von denen man nur in der Einbildung abstrahieren kann. Es sind die wirklichen Individuen, ihre Aktion und ihre materiellen Lebensbedingungen, sowohl die vorgefundenen wie die durch ihre eigene Aktion erzeugten [...] Man kann die Menschen durch das Bewusstsein, durch die Religion, durch, was man sonst will, von den Tieren unterscheiden. Sie selbst fangen an, sich von den Tieren zu unterscheiden, sobald sie anfangen, ihre Lebensmittel zu *produzieren* ... Indem die Menschen ihre Lebensmittel produzieren, produzieren sie indirekt ihr materielles Leben selbst." (MEW 3: 20–21) Dieses Verständnis des historischen Materialismus im Marx'schen Sinne liegt der methodologischen Entscheidung der Theologie der Befreiung zugrunde, ihren Ausgangspunkt bei der ökonomischen Analyse zu nehmen und sich selbst konsequent als kritische Reflexion einer Praxis zu verstehen. Insgesamt lässt sich feststellen, dass der überwiegende Teil der Befreiungstheologen den Primat der Praxis, wie er in den Feuerbach-Thesen formuliert ist, als den Schlüssel zur Marx-Interpretation überhaupt betrachten. (Eine prominente Ausnahme stellt hier lediglich Clodovis Boff dar, dessen Marx-Interpretation von Luis Althusser stark beeinflusst ist; siehe S. 118f.).

Dass die Entscheidung für eine bestimmte Form der sozioökonomischen Analyse die bewusste Wahl eines ethischen Standortes voraussetzt – darüber haben die Befreiungstheologen explizit Rechenschaft abgelegt (s. weiter oben, S. 36ff.). Diese Dimension wird im Marx'schen Werk nur selten ausdrücklich thematisiert. Ausgerechnet im Zusammenhang seiner Religionskritik findet sich allerdings die klassische Formulierung seines „kategorischen Imperativs", der durchaus eine Brücke schlägt zur „vorrangigen Option für die Armen": „Die Kritik der Religion endet mit der Lehre, dass der Mensch das höchste Wesen für den Menschen sei, also mit dem kategorischen Imperativ, alle Verhältnisse umzuwerfen, in denen der Mensch ein erniedrigtes, ein geknechtetes, ein verlassenes, ein verächtliches Wesen ist ..." (MEW 1: 385)

Die Rezeption unterschiedlicher marxistischer Traditionen durch die Befreiungstheologie lässt eine deutliche Tendenz erkennen: Es sind vornehmlich Theorieelemente eines undogmatischen, kritischen und der Selbstkritik fähigen, methodisch interdisziplinären Marxismus wie etwa der Kritischen Theorie der Frankfurter Schule. Eine bedeutende Rolle spielt auch der italienische Marxist Antonio Gramsci, der einen großen Teil seines Lebens im Gefängnis zubrachte und – obwohl Gründer der KPI – weit über den orthodoxen Leninismus hinausdachte. Für die Befreiungstheologie wurden vor allem zwei seiner Gedanken zentral: die Bedeutung der „kulturellen Hegemonie" im Prozess der Gesellschaftsveränderung sowie das Selbstverständnis der Theologen als „organische Intellektuelle".

Darüber hinaus sind auch spezifische lateinamerikanische Traditionen von Bedeutung, an erster Stelle die des Peruaners José Carlos Mariátegui. Ihm käme gerade heute eine besondere Aktualität zu, weil er die Utopie einer sozialistischen Gesellschaft – anders als Marx und Engels – unabhängig von der Entfaltung der Produktivkräfte sieht, die ja im „kommunistischen Manifest" als die historische Funktion des Kapitalismus und gleichzeitig als Voraussetzung seiner Überwindung beschrieben werden. Selbstverständlich gehen die Befreiungstheologen weit über die Klassiker des Marxismus hinaus, wenn es gilt, die Prozesse der gesellschaftlichen Veränderung, die Subjekte gesellschaftlicher Emanzipation und die Grundprinzipien eines partizipativen, basisdemokratischen Sozialismus zu reflektieren. Und in Leonardo Boffs Ansatz einer „Ökotheologie der Befreiung" (siehe S. 105 ff.) zeichnen sich durchaus Konturen eines Ökosozialismus ab, der die „blinden Flecken" einer marxistischen Tradition deutlich macht, welche sich der Einsicht versperrt, dass nicht nur das kapitalistische Produktionsverhältnis, sondern die Industriegesellschaft insgesamt zur Disposition steht. (vgl. vor allem Boff 2012: 184–190)

Die Theologie der Befreiung hat marxistische Theorieelemente nicht einfach übernommen, sondern in äußerst fruchtbarer und schöpferischer Weise weiterentwickelt. Beispielhaft dafür ist Enrique Dussels sehr originelle und eigenständige Auseinandersetzung mit dem Marx'schen Werk. Beispielhaft dafür ist auch das Aufgreifen der Marx'schen Fetischismusanalyse für eine theologische Gottesrede (s. weiter unten S. 77ff.). Und beispielhaft dafür ist auch die Auseinandersetzung mit der Marx'schen Religionskritik und eine fundamentaltheologische Argumentation, die an der immanenten Kritik des Marx'schen utopischen Denkens selbst anknüpft, um zu zeigen, dass ein eigenständiges theologisches Weiterdenken auf diesem Boden möglich, legitim und überzeugend sein kann (s. weiter unten, S. 102ff.). Von der reflexartig-apologetischen Abwehrhaltung der Glaubenskongregation bleibt eine solche differenzierte und kritische Aneignung der marxistischen Tradition unbeeindruckt.

Basislektüre

Kern 1992; Rottländer 1986.

IV Hermeneutische Vermittlung: Die Bibellektüre

1 Vom Leben zur Bibel – von der Bibel zum Leben

Ein wesentliches Element des Glaubensvollzugs in den Basisgemeinden ist die gemeinsame Lektüre der Grundlagentexte des Christentums im Kontext der eigenen gelebten Praxis und ihrer Befreiungserfahrungen. So wie sich die Theologie der Befreiung grundsätzlich als das „zweite Wort", als die Reflexion der befreienden Praxis, versteht, so ist auch ihre spezifische Schrifthermeneutik aus dieser Praxis der Bibellektüre hervorgegangen. Die Lektüre der Bibel vonseiten der Armen wirft das hermeneutische Problem nicht als akademische Frage auf, sondern als vitale Frage, in der das Leben selbst auf dem Spiel steht. Bibelwissenschaftler wie etwa der Brasilianer Carlos Mesters waren und sind in diesen Prozess eingebunden, haben zunächst als Zuhörende selbst erlebt, wie die Bibel unter den Armen wieder lebendiges Wort wird, und sehen sich als Theologen in dienender Funktion dem gegenüber. Carlos Mesters war es auch, der die Grundcharakteristika der „lectura popular", der Lektüre der Bibel durch das Volk selbst, beschrieben hat:

- Die Bibel wird nicht nur als ein Text gelesen, der vergangenes Geschehen zum Gegenstand hat, sondern als Spiegel der heute sich ereignenden Geschichte. Der Akzent liegt auf der Aktualität des Wortes Gottes. Gott spricht heute im Leben, und dieses gegenwärtige Wort Gottes wird im Licht der Bibel gedeutet.
- Das Hauptziel der Bibellektüre besteht nicht darin, einen Text zu interpretieren, sondern das Leben selbst. Die Armen lesen die Bibel aus ihrer Unterdrückungssituation heraus, und dies lässt sie einen Sinn entdecken, der den Exegeten verborgen blieb. Der Kampf der Armen selbst ist der hermeneutische Schlüssel sowohl für die Deutung des Lebens als auch für die der Bibel.
- Die Armen unternehmen keine neutrale Schriftlektüre. Ihre Bibellektüre ist geleitet von der Suche nach Gerechtigkeit, Befreiung, Leben. Sie ist eine engagierte Lektüre im Dienst der Befrei-

ung. Eine vorgeblich „objektive“ Lektüre ist eine Illusion, die den eigenen gesellschaftlichen Standort verschleiert.
- Für die Armen in den Basisgemeinden ist „Befreiung“ kein rein säkulares Thema, dem die Religion fremd wäre. Und umgekehrt ist Befreiung dem christlichen Glauben nicht fremd. Das gläubige Volk weiß, dass Gott in seinem Kampf für Befreiung gegenwärtig ist. Während die moderne Exegese die Bibel als Text der Vergangenheit behandelt, ist sie für die Armen ein *neues Buch* von befreiender Kraft.
- In den Basisgemeinden ist die Bibel keine Quelle von Gelehrsamkeit, sondern eine Quelle des Lebens, des Lebensmuts und des Durchhaltevermögens. Natürlich suchen die Armen in der Bibel keine Rechtfertigung ihrer Entscheidungen und keine Blaupause für ihren Befreiungsprozess. Sie wissen aber, dass dieser von Grundentscheidungen und Grundhaltungen abhängt. Die Bibel schenkt ihnen das Vertrauen auf ihre eigene Stärke dank der Gegenwart des Geistes Jesu unter ihnen. Sie ruft ihnen die entscheidenden Prioritäten in Erinnerung, von denen ihr Handeln sich leiten lässt: das Vertrauen auf den Gott Jesu Christi, die Standhaftigkeit in der Verfolgung, die Geschwisterlichkeit, den Aufbau der Gemeinde und die Notwendigkeit eines radikalen Engagements. (vgl. Mesters 1983).

Basislektüre

Mesters 1983 (a).

2 Grundlagen einer befreiungstheologischen Hermeneutik

Die Hermeneutik der Befreiung, die hier in ihren Grundzügen vorgestellt werden soll (Ich orientiere mich hierbei vor allem an Richard 1988), ist schlicht die Theorie der zuvor beschriebenen Praxis. Die *Wurzel* des hermeneutischen Prozesses bilden die Armen als neues historisches Subjekt. Die Welt der Armen ist nicht nur eine ökonomische, politische und kulturelle Wirklichkeit, sondern im Licht des Glaubens der privilegierte Ort der Gegenwart und Offenbarung Gottes. Dies stellt die hermeneutische Konsequenz der „vorrangigen Option für die Armen“ (s. weiter oben S. 36 ff.) dar. Die befreiungstheologische Hermeneutik geht folgerichtig von der Erfahrung Gottes innerhalb der Welt der Armen als der neuen geistlichen Erfahrung aus. Dem politischen Bruch mit dem herrschenden System entspricht der spirituelle Bruch mit der herrschenden Ideologie. Entscheidend ist das gegenwärtige Wort Gottes im Leben der Armen selbst. Die Bibel wird zum Unterscheidungskriterium für die Gegenwart und Offenbarung Gottes heute und zum Kommunikationsmittel, um diesen Gott und sein aktuelles Wort zur Sprache zu bringen. *Ziel* der Bibellektüre ist also nicht die Bibel selbst, sondern die Identifizierung und Mitteilung des Wortes Gottes heute. Die Bibel ist nicht Ziel, sondern Instrument zur Erreichung dieses Zieles. *Es muss klar unterschieden werden zwischen Bibel und Wort Gottes.* Das Wort Gottes erschöpft sich nicht in der Bibel, es transzendiert die in der Bibel niedergelegte historische Erfahrung vielmehr und gelangt im Lauf der gesamten Geschichte bis zu uns. Dieser Auffassung liegt der Glaube an einen lebendigen Gott zugrunde. Das einzige Absolute ist das Wort Gottes, die Bibel hingegen ist etwas Relatives, ein Mittel im Dienst an diesem Wort Gottes, bzw. sie wird in Relation zum Wort Gottes aufgefasst.

In der Hermeneutik allgemein geht man davon aus, dass die Interpretation eines Textes eine *Produktion von Sinn* inmitten unserer Geschichte ist, die auf den Text selbst zurückwirkt. Ebenso verändert die Bibellektüre des Volkes, das das Wort Gottes heute in der Welt der Armen identifiziert und mitteilt, den Sinn des biblischen Textes selbst. Indem der biblische Text dazu benutzt wird, das lebendige Wort Gottes heute zu identifizieren und mitzuteilen, vollzieht man eine *Relektüre* des Textes im Sinne seiner befreienden Veränderung. Dies entspricht dem geistlichen Schriftsinn der patristischen Tradition.

Drei Sinnebenen der Bibel können unterschieden werden: der *Textsinn*, der *historische Sinn* und der *geistliche Sinn*. Ersterer meint den Sinn des Textes in seiner Autonomie, als eigenständige Realität betrachtet, der historische Sinn nimmt den Text als Zeugnis des offenbarten Wortes in einem konkreten historischen Ereignis, und der geistliche Schriftsinn ist die Bedeutung, die der Text erhält, wenn er dazu benutzt wird, das Wort Gottes innerhalb unserer aktuellen Geschichte zu identifizieren, um es anderen mitzuteilen. Der Textsinn entspricht in gewisser Weise der Gegenwart, der historische Sinn der Vergangenheit und der geistliche Sinn der Zukunft des Textes. Wissenschaftlich sind diesen Sinnebenen Semiotik, historisch-kritische Methode und Hermeneutik zuzuordnen. Teilweise hat sich in Lateinamerika auch die Redeweise von Text, Kontext und Prätext für die drei Sinnebenen eingebürgert.

Es stellt eine Art von subtilem Fundamentalismus (Biblizismus) dar, das Wort Gottes nur auf die Bibel zu beschränken, als wäre sie das „Depositum“ desselben. Die theologische Basis für die Hermeneutik der Befreiungstheologie ist die Überzeugung, dass der lebendige Gott auch heute spricht, uns sein Wort und seinen Willen mitteilt. Die Bibel ist deshalb nicht nur Zeugnis der Offenbarung Gottes in der Vergangenheit, sondern sie offenbart uns auch, wo und wie sich Gott heute offenbart. Die Bibel ist *Unterscheidungskriterium* des lebendigen Wortes, das sich zu allen Zeiten offenbart. Die Auffassung, Gott habe nur in der Vergangenheit gesprochen und dieses vergangene Wort Gottes sei nur in der Bibel fixiert, stellt die Häresie des Fundamentalismus dar. Christologisch zugespitzt heißt das, dass Jesus als die Fülle und der Höhepunkt der Offenbarung Gottes den hermeneutischen Schlüssel schlechthin für die Identifizierung des Wortes Gottes in unserer Geschichte darstellt, nicht aber, dass man das, was er getan und gesagt hat, lediglich zu wiederholen und zu kommentieren bräuchte. Der einmal festgelegte Schriftkanon (wörtlich: Richtschnur) meint die Normativität der kanonischen Bücher für die Identifikation des Wortes. Diese hermeneutische Grundüberzeugung der Befreiungstheologie entspricht der Tradition der Kirchenväter, die mit ihrer Unterscheidung von Wortsinn und geistlichem Sinn – der seinerseits wiederum die drei Dimensionen allegorischer, moralischer bzw. tropologischer und anagogischer bzw. eschatologischer Sinn aufweist – in unserer gegenwärtigen Geschichte neuen Raum für das Wort Gottes eröffnet.

Wortsinn und geistlicher Sinn sind in dialektischer Weise aufeinander bezogen. Das Volk versteht die Bibel, sofern sie das gegenwärtige Wort Gottes zu entdecken hilft. Dies ist der geistliche Schriftsinn. Doch es bedarf der exegetischen Anstrengung, der Mühe um den Literalsinn, um diesen geistlichen Schriftsinn zu „kontrollieren“. Der Literalsinn ist gleichsam Norm und Kriterium („Kanon“) der Unterscheidung des Wortes Gottes. Der geistliche Sinn muss stets Sinn des Textes sein. Die professionelle Exegese hat eine Wächterfunktion in Bezug auf den hermeneutischen Prozess und bewahrt den geistlichen Schriftsinn vor Missbrauch, vor einer Art biblischem Spiritualismus, der der Gefahr des Fundamentalismus und Biblizismus auf der anderen Seite gegenübersteht.

Die so beschriebene geistliche Bibellektüre des armen Volkes ist alles andere als ein Luxus, sie entspricht vielmehr einer tiefen und dringlichen Notwendigkeit. Die Armen leiden für gewöhnlich am Widerspruch ihrer Gotteserfahrung und dem Gott, den die herrschende Theologie vermittelt. Die Bibellektüre im Sinne einer Hermeneutik der Befreiung ist gerade deshalb nötig, um diesen Widerspruch aufzulösen. Sie befreit das Volk auf diese Weise von der religiösen Herrschaft und ermöglicht es ihm, seinen Glauben ausgehend von der eigenen Gotteserfahrung zu entwickeln.

Der hermeneutische Prozess geht also von der Erfahrung Gottes in der Welt der Armen aus. In seinem Verlauf wird das Wort Gottes identifiziert und mitgeteilt. Dieser Prozess steht in einem politischen Kontext, in dem die Armen Subjekt ihrer eigenen Geschichte sind, mit ihrem eigenen historischen Bewusstsein. Die prophetische Identifikation des Wortes Gottes löst den Widerspruch zwischen dem religiösen Bewusstsein des Volkes und der herrschenden Idolatrie auf. Die Bibellektüre der Armen stellt in Entsprechung zum politischen einen *hermeneutischen Bruch* dar. Die Hermeneutik der Befreiung wendet sich gegen eine unterdrückerische Hermeneutik. Das armgemachte Volk wehrt sich gegen unterdrückerische Bibelinterpretationen und eignet sich so den Text der Bibel wieder an. Die hauptsächlichen Mechanismen der Enteignung des Wortes Gottes seien im Folgenden beschrieben:

Eine Weise der Enteignung stellt der *Fundamentalismus* dar, der den biblischen Text von seiner Geschichte loslöste, die Bibel in einen Text ohne Geschichte verwandelte und das Wort Gottes völlig mit der Bibel gleichsetzte. Die Bibel wurde so zu einer absoluten, ahistorischen und allgemeingültigen Instanz. Zu einem ähnlichen Ergebnis führt der Strukturalismus, der allein den Text als solchen betont und ihn ähnlich wie der Fundamentalismus enthistorisiert. Die Semiotik oder Strukturanalyse wird hier zur alles beherrschenden Methode, die beinahe als exklusiv und allein genügend für das Textverständnis angesehen wird. Ebenso gefährlich ist der *Konkordismus*, der auf vereinfachende und direkte Weise biblische Situationen mit gegenwärtigen Situationen in Verbindung bringt. Auch hierdurch wird die Geschichte trivialisiert und ihrer Ernsthaftigkeit beraubt. Der *Historizismus* hingegen reduziert den Text auf seine bloß historische Bedeutung und beraubt ihn dadurch seines geistlichen Sinnes, seiner spirituellen Kraft, macht ihn zu einem abstrakten Text ohne Geist.

Die Enteignung der Bibel führte zu typischen Formen der Entstellung und Verzerrung des Textes vonseiten des herrschenden historischen Bewusstseins. Auf die wichtigsten von ihnen sei hier hingewiesen:

Eine erste Entstellung erfolgt bereits durch die *Übersetzung*. Sprache ist niemals neutral. In ihr spiegeln sich die kulturelle, ideologische und spirituelle Dimension eines historischen Bewusstseins. Wenn die Bibel heute in moderne Sprachen übersetzt wird, ist grundsätzlich damit zu rechnen, dass diese Übersetzung von Kultur, Ideologie und Spiritualität der herrschenden Klassen geprägt ist, was es vom Standpunkt der Armen aus kritisch aufzuarbeiten gilt. Eine andere Form der Entstellung findet *auf semantischer Ebene* statt. Grundbegriffe der Bibel, welche den Text und das biblische Denken tiefgreifend prägen und strukturieren, werden in den Kategorien der herrschenden Ideologie gedeutet. Ein sehr schlagendes Beispiel dafür ist die Deutung des Gegensatzpaares Fleisch und Geist (*sarx/pneuma*), das tendenziell ausgehend vom (hellenistischen) Leib-Seele-Dualismus her interpretiert wurde, während eine befreiende Bibelhermeneutik herausgearbeitet hat, dass diese Begriffe innerhalb der Polarität von Tod und Leben adäquat zu deuten sind. Dasselbe könnte man für viele Schlüsselbegriffe der Bibel aufzeigen. Die *strukturelle Entstellung* betrifft die Anordnung der biblischen Bücher, die Strukturierung der Bibel insgesamt, die bestimmten biblischen Büchern und Texten einen bedeutenderen Stellenwert zuweist und andere wiederum als zweitrangig einstuft. Eine befreiende Hermeneutik hat biblische Bücher wieder neu entdeckt, die bislang ein Schattendasein fristeten: das Buch Rut, den Philemonbrief, den Jakobusbrief etc. Aber auch innerhalb der biblischen Bücher selbst werden Wertungen vorgenommen. So werden die Gestalt der Hagar im Buch Genesis oder bestimmte Evangelienperikopen tendenziell unterbewertet. Eine weitere Unterart dieser Form von Entstellung besteht darin, dass man vom ursprünglichen Adressaten eines Textes abstrahiert und seinen Sinn damit geradezu ins Gegenteil verkehrt: So etwa ist das Gebot „Du sollst nicht stehlen" (Ex 20,15) an die Reichen gerichtet, die aufgefordert werden, die Armen zu beschützen. („Nimm dem Armen nicht das, was er braucht ....“). In der Auslegungsgeschichte wurde dieser Vers eher zum Schutz und zur Rechtfertigung des Privateigentums herangezogen. Ein Text kann auch indirekt entstellt werden, indem man den Zusammenhang verändert, in welchem er steht, oder ihn entsprechend kommentiert: Das betrifft etwa die für bestimmte Perikopen gewählten Überschriften, die angeführten Parallelstellen, die liturgische Leseordnung etc.

Dem gegenüber steht die Wiederaneignung der Bibel durch das arme Volk Gottes. Der herrschenden Ideologie stellen sie ihre spirituelle Kraft entgegen, deren Wurzel die Erfahrung der Gegenwart Gottes unter ihnen ist. Die Wiedergewinnung des spirituellen Schriftsinnes zur Identifikation des Wortes Gottes heute befreit den biblischen Text selbst von den ideologischen und idolatrischen Verzerrungen, denen er unterworfen wurde. Jeder Sinn jedoch ist Sinn eines Textes, und dieser Text hat eine Geschichte. Wenn man die Dichte des Textes selbst vernachlässigt und die Geschichte nicht ernst genug nimmt, dann tendiert der geistliche Schriftsinn dazu, sich in puren Subjektivismus und in Willkür zu verflüchtigen. Textsinn und historischer Sinn sind deshalb unentbehrliche Kontrollinstanzen des geistlichen Schriftsinnes. Deshalb macht sich das arme Volk Gottes mithilfe der ihnen verbundenen Theologen mit exegetischen Kenntnissen und Methoden vertraut. Die professionelle Arbeit der Bibelwissenschaftler hat ihre unverzichtbare, wenn auch dienende Funktion. Andererseits kann die bibelwissenschaftliche Arbeit erst im Kontext der befreienden Lektüre des armen Volkes Gottes ihre Relevanz gewinnen.

Basislektüre

Croatto 1989.

3 Ein „Überschuss an Sinn"

Der argentinische Bibelwissenschaftler José Severino Croatto hat sich am eingehendsten mit der hermeneutischen Frage auseinandergesetzt. Er geht zunächst von der Kritik an der europäischen, speziell deutschen Hermeneutik aus, die sich stark an Martin Heideggers Existenzialontologie orientierte, welche vor allem der protestantische Theologe Rudolf Bultmann (und später auf ihre Weise auch die sogenannte „Marburger Hermeneutik") rezipiert hat. Dieser ging davon aus, dass wir alte Texte deshalb heute verstehen können, weil die „Existenzialien" wie Angst, Sorge, Trauer, Freude etc. beim heutigen Menschen prinzipiell die gleichen sind wie bei den Autoren und ursprünglichen Adressaten der damaligen biblischen Texte. Verstehen ist möglich, weil die existenziellen Erfahrungen damals wie heute strukturell ähnlich sind. Ausgehend von der heutigen Erfahrung der Existenz als dem für das Verstehen unabdingbaren „Vorverständnis" ergibt sich ein hermeneutischer Zirkel: Weil ich die Erfahrung von Angst mache, kann ich die Aussagen über die Angst in den alten Texten verstehen und nachvollziehen, wie die damaligen Menschen diese Angst bewältigt haben. Croatto weist diese Auffassung als individualistisch und apolitisch zurück. Nicht die strukturellen Ähnlichkeiten der Existenzerfahrung sind es, die das Verstehen biblischer Texte ermöglichen, sondern vielmehr die Erfahrung einer gemeinsamen – gottgewirkten – Geschichte, der Geschichte der Befreiung. Die geschichtliche Erfahrung des Befreiergottes heute ermöglicht das Sinnverstehen eines Textes in der Bibel, der vom befreienden Handeln damals Zeugnis gibt. Diese befreiungstheologische Relektüre der Bibel stellt keinen – geschlossenen – hermeneutischen Zirkel, sondern vielmehr einen hermeneutischen Kreislauf (Georges Casalis) im Sinne eines offenen Prozesses dar. Weil Menschen heute das befreiende Handeln Gottes erfahren, können sie dieses befreiende Handeln Gottes in den damaligen Texten „wiederentdecken". „Nur durch die hermeneutische Vermittlung ist die Bibel Botschaft und nicht Gesetz, und nur dadurch wird vermieden, dass die Aussage der Bibel als Botschaft der Befreiung für uns zurückgewiesen und bloß als Text über die Vergangenheit angesehen wird." (Croatto 1981: 49). Aufgrund seiner „polysemen", vieldeutigen linguistischen Struktur ist der Text nicht auf einen (historischen) Sinn festgelegt. Er birgt in sich vielmehr einen „Vorrat an Sinn", ein Sinnpotenzial, das durch ein historizistisches Vorgehen, das heißt durch die Festlegung des Textsinnes auf einen bestimmten historischen Kontext, eingeebnet würde. Ziel ist eben nicht die Identifikation von heutigem Leser und damaligem Autor, sondern die Entschlüsselung des Textes in seiner nicht ein für allemal festgelegten Vieldeutigkeit. Das Neulesen der Bibel von der heutigen Befreiungserfahrung und Befreiungspraxis aus kann den im Text enthaltenen Sinnvorrat erschließen. Sie ist dem Text damit nicht äußerlich, sondern vielmehr Teil des Textes selbst! Den daraus sich ergebenden hermeneutischen Kreislauf beschreibt Croatto folgendermaßen: „Jede Erfahrung, jede Lebenspraxis begründet einen Deutungshorizont, von dem aus eine Botschaft, in diesem Falle die der Bibel, gelesen wird […] Das, was wirklich die relecture der Bibel hervorruft und ihr die Richtung gibt, sind die fortgesetzten Erfahrungen. Diese lassen den Sinn des Textes wachsen, der bald in neuen

Texten Gestalt annimmt, die ihrerseits wieder neue Anwendungen und Erfahrungen bedingen, und so immer weiter in einer fortschreitenden bereichernden hermeneutischen Kreisbewegung." (Croatto 1989: 77). Da Gottes Offenbarung nicht abgeschlossen ist, sondern da er gegenwärtig handelt und sich heute zu erfahren gibt, können Texte von damals, die von seinem Handeln sprechen, verstanden werden. Die gegenwärtige Erfahrung ist aber imstande, einen neuen Sinn in diesen Texten zu entschlüsseln, den die damaligen Autoren und Adressaten noch nicht ausschöpfen konnten. Nur so erweist sich die Bibel als wirkmächtiges, lebendiges Wort, das für die gegenwärtige Erfahrung offen ist. An einem Beispiel sei dies erläutert: Im Galaterbrief spricht Paulus davon, dass es angesichts des Christusereignisses „weder Sklaven noch Freie, weder Mann noch Frau" gebe (vgl. Gal 3,28). Nach dem Zeugnis anderer neutestamentlicher Texte aber standen weder Paulus noch die damaligen Gemeinden der Sklavenhaltergesellschaft grundsätzlich – im Sinne der Forderung nach Abschaffung der Sklaverei – ablehnend gegenüber. Ebenso wenig lag die vollkommene Aufhebung der patriarchalischen Gesellschaft in ihrem Horizont. Paulus schränkt seine Aussage im Galaterbrief auf die Berufung durch Gott ein. Uns aber ist es aufgrund unserer reicheren geschichtlichen Erfahrung möglich, den „Überschuss an Sinn" in diesem Text zu entdecken und zu verstehen, dass Sklaverei für Gott nicht akzeptabel ist und dass Frauen in Kirche und Gesellschaft grundsätzlich die gleichen Rechte haben müssen. „Gott gibt ‚Sinnanfänge' in seiner Offenbarung, ohne sie vollkommen zu beenden, ‚wissend', dass der Mensch seine eigene Geschichte haben muss, um in einer sozial-religiösen Praxis den unvollendeten Sinn zu vollenden." (Vanderhoff 1977: 26 ff). Die Relektüre der Bibel ist – das ist entscheidend – Teil ihrer eigentlichen Botschaft selbst!

Andererseits jedoch bilden die Texte ein kritisches Korrelat im Bezug auf die gegenwärtigen Erfahrungen Gottes im Sinne eines Kriteriums der Unterscheidung. Die gegenwärtige Erfahrung Gottes muss sich als solche an den Texten ausweisen, sie muss auf der Linie dessen liegen, was in diesen Texten angelegt ist. Croatto spricht in diesem Zusammenhang von „semantischen Achsen". Mit Berufung auf die narrative Semiotik macht er deutlich, dass „die Botschaft eines Textes nicht im Fragment einer Erzählung liegt, sondern in ihrer Ganzheit als einer Struktur, die einen Sinn ausdrückt" (Croatto 1989: 66). Auch in der Bibel lassen sich „Sinnachsen" („semantische

Achsen") erkennen, welche die Relektüre, also die Sinnproduktion durch ein Neulesen ausgehend von den gegenwärtigen Erfahrungen, bestimmen. Croatto versteht die Bibel nicht als die bloße Addition unterschiedlicher literarischer Einheiten, sondern – im Sinne des *canonical approach* – als einen Text, als eine große Erzählung, in der deutlich semantische Achsen zu erkennen sind, die jede Relektüre, jede Sinnerzeugung in der Gegenwart, bestimmen. Eine – wenn nicht die wichtigste – dieser Sinnachsen, welche die Bibel als Ganzes durchziehen, ist das Kerygma von der Befreiung der Unterdrückten. Des Weiteren nennt er Gerechtigkeit, Liebe, Treue, Hoffnung, Bund, Prophetie, Gegenwart Gottes als Gnade usw. (Croatto 1989: 70). Es handelt sich nicht einfach um bedeutsame Themen, sondern um die strukturierenden Achsen des gesamten biblischen Textes.

Die Lektüre der Bibel vom Standpunkt der Armen aus hat einen entscheidenden Vorteil: Der Verstehenshorizont der Armen entspricht dem Entstehungshorizont der Bibel selbst! Die Bibel – so Croatto – sei vor allem in Erfahrungen des Leids, der Unterdrückung, sowie der Gnade und Befreiung entstanden; die Armen und Unterdrückten haben deshalb die besten Voraussetzungen, ihr Kerygma zu begreifen.

Nicht unerwähnt bleiben soll, dass diese neue Praxis der Bibellektüre vonseiten des armen und gläubigen Volkes in den Basisgemeinden auch die wissenschaftliche Arbeit der mit den Basisgemeinden verbundenen Theologinnen und Theologen außerordentlich befruchtete. In Brasilien entstand etwa ein umfassender Bibelkommentar aus befreiungstheologischer Perspektive, an dem die herausragendsten Bibelwissenschaftler mitgearbeitet haben. Zum Redaktionsteam gehörten unter anderen José Comblin, Carlos Mesters, Milton Schwantes usw. Zum Teil ins Deutsche übersetzt wurden herausragende exegetische bzw. bibeltheologische Studien, so etwa die bahnbrechende Arbeit von Elsa Tamez zur paulinischen Rechtfertigungslehre (Tamez 1998) oder Pablo Richards Auslegung der Offenbarung des Johannes (Richard 1996). Die vielen bibeldidaktischen Werke sind fast unüberschaubar. Ins Deutsche sind vor allem entsprechende Bücher von Carlos Mesters übersetzt. Besondere Erwähnung verdient noch eine Neuübersetzung der Bibel für den Gebrauch der Basisgemeinden, die die von Pablo Richard diagnostizierten Verzerrungen in Übersetzung und Kontextualisierung vermeidet. (vgl. weiter oben S. 71 f.). Die wissenschaftliche Exegese und Bibeltheologie in Deutschland hat diese wertvollen Impulse aus Lateinamerika bislang kaum rezipiert.

Merksatz

Die befreiungstheologische Bibelhermeneutik geht grundsätzlich davon aus, dass das lebendige Wort Gottes mehr ist als die in der Bibel niedergelegten Texte. Diese dienen vielmehr als Unterscheidungskriterium zur Identifizierung des Wortes Gottes heute. Das für das Verstehen unabdingbare Vorverständnis sind nicht die allen Menschen gemeinsamen Existenzialien, sondern die Erfahrung gottgewirkter Befreiung damals wie heute. Die biblischen Texte enthalten einen „Überschuss an Sinn" der sich den damaligen Adressaten und Autoren noch nicht erschließen konnte. Die „semantischen Achsen", die Sinnachsen, die den gesamten Text der Bibel strukturieren, sind jedoch entscheidend für die Legitimität des durch die heutige Lektüre erschlossenen „geistlichen Schriftsinnes".

Basislektüre

Croatto 1981; Croatto 1989.

V Themen

Wie bereits erwähnt (S. 7), hat die Theologie der Befreiung einen universalen hermeneutischen Anspruch und versteht sich als neue Perspektive für die Theologie insgesamt. Die BefreiungstheologInnen haben diesen Anspruch dadurch einzulösen versucht, dass sie die neue Art, Theologie zu treiben, auf das gesamte Themenspektrum der Theologie, auf die klassischen theologischen Disziplinen und Traktate, angewandt haben. Dies ist vor allem in zwei Werken dokumentiert: Im zweibändigen von Ignacio Ellacuría und Jon Sobrino herausgegebenen Sammelwerk (Ellacuría/Sobrino 1995), das zu einem der Standardwerke der Theologie der Befreiung gehört, und in der leider nur zum Teil ins Deutsche übersetzten *Bibliothek Theologie der Befreiung*. Selbstverständlich hat sich unter befreiungstheologischer Perspektive die klassische Traktatenaufteilung verändert, es wurden neue Gewichtungen vorgenommen, Fragestellungen haben sich völlig verschoben, etc. Etliche der zentralen Themen der Theologie wurden durch besonders originelle neue Zugänge bereichert. Im Folgenden kann dies nur anhand weniger Themen (Gotteslehre, Christologie, Eschatologie) exemplarisch verdeutlicht werden. Die Tatsache dass sich die Befreiungstheologie als kritische Reflexion der Praxis versteht, bedingt natürlich auch, dass viele Fragen, die „an sich" bzw. in anderen Kontexten theologisch bedeutsam sein mögen, nicht in ihren Fokus sind. Im Einzelfall mag dies auch durchaus als Defizit empfunden werden.

1 Der befreiende Gott und die Götzen der Unterdrückung

> Die sogenannte Säkularisierung hat nicht, wie Max Weber glaubt, zur Entzauberung der Welt geführt. Sie hat einige Götter entzaubert, um die Welt dann durch die falschen irdischen Götter des Fetischismus des Marktes, des Geldes und des Kapitals aufs Neue zu verzaubern. Wir leben in einer verzauberten Welt und es ist notwendig, sie zu entzaubern. Den Menschen als das höchste Wesen für den Menschen behandeln, impliziert diese Entzauberung der Welt und ihrer irdischen

> Götter, die immer notwendiger wird. Dies impliziert einen radikalen Umschwung im Verhältnis zum Markt, zum Geld und zum Kapital. Unsere Welt ist keine säkularisierte Welt. Sie dazu zu machen ist eine Aufgabe der Zukunft. (Hinkelammert 2010: 65)

Es sei daran erinnert, dass sich die Theologie der Befreiung als die kritische und systematische Reflexion der lebendigen Gotteserfahrung in der Welt der Armen (dem privilegierten Ort seiner Offenbarung) versteht. Als solche stellt sich für sie die Gottesfrage völlig neu. Im Gegensatz zu den Theologien der Länder des Zentrums, die vor allem die fortschreitende Säkularisierung und den Atheismus als fundamentaltheologische und pastorale Herausforderung betrachten, geht es den Befreiungstheologen nicht in erster Linie um die abstrakte Frage nach der Existenz Gottes, sondern darum, an *welchen* Gott wir glauben. Und dies ist alles andere als eine akademische Frage, vielmehr eine *Frage auf Leben und Tod*. Aus der Perspektive der Unterdrückten erkennen sie, dass die herrschenden Mächte keineswegs Gott-los sind, dass sie vielmehr ihren „transzendenten" Hintergrund, ihre verabsolutierende Ideologie, ihre eigene „Theologie" haben. Hier gilt das Paulus-Wort: „Denn wir haben nicht gegen Menschen aus Fleisch und Blut zu kämpfen, sondern gegen die Fürsten und Gewalten, gegen die Beherrscher dieser finsteren Welt, gegen die bösen Geister des himmlischen Bereichs." (Eph 6,12). Abgesehen von der mythologischen Vorstellungswelt, aus der heraus Paulus diesen Satz formuliert, ist darin die Einsicht enthalten, dass die Tatsache von Herrschaft und Unterdrückung nicht einfach auf das Fehlverhalten Einzelner zurückzuführen ist, sondern dass es hinter der Realität, welche die Befreiungstheologen als „soziale Sünde" (siehe S. 47f.) bezeichnet haben, ein sich selbst reproduzierendes System gibt, das diese soziale Sünde perpetuiert und sie mit einem guten Gewissen ausstattet, da sich dieses System als alternativlos darstellt. Von der Gotteserfahrung der Armen her wird dieses System als widergöttlich begriffen, weil es dem universalen Heils- und Lebenswillen Gottes widerspricht, weil es, gerade indem es sich als unersetzliche Macht geriert, von der die Lebensmöglichkeiten der Menschen alternativlos abhängen, seine Opfer fordert. Die theologische Reflexion dieser Realität ließ die Befreiungstheologen ein zentrales biblisches Motiv wiederentdecken, das in der herkömmlichen Theologie kaum noch eine Rolle spielt: den Gegensatz zwischen dem Gott des Lebens einerseits und den Götzen der Unterdrückung andererseits. Damit ist auch klargestellt: Es geht hierbei nicht nur um die Entlarvung der ideologischen Rechtfertigungen des Systems, die auf mythologische Denkmotive und auf eine massive Manipulation der religiösen Sprache zurückgreifen, sondern um den widergöttlichen, weil Leben verneinende Charakter des Systems als solchen. Gerade dieser wird als Götze durchschaut.

> Die zentrale Frage heute in Lateinamerika ist nicht die Frage des Atheismus, das ontologische Problem, ob Gott existiert oder nicht [...] Die zentrale Frage ist der Götzendienst als die Verehrung der falschen Götter des Systems und das Hoffen auf sie. Jedes System der Unterdrückung kennzeichnet sich genau dadurch, dass es Götter schafft und Götzen hervorbringt, die Unterdrückung und Lebensfeindschaft heiligen [...] Die Suche nach dem wahren Gott in diesem Kampf der Götter führt uns zu der gegen den Götzendienst gerichteten Einsicht über die falschen Götter, über die Fetische, die töten, und ihre religiösen Waffen des Todes. Der Glaube an den befreienden Gott, an den, der sein Antlitz und sein Geheimnis im Kampf der Armen gegen die Unterdrückung offenbar macht, verwirklicht sich notwendigerweise in der Verneinung der falschen Götter und der Abkehr von ihnen. Der Glaube kehrt sich gegen den Götzendienst. (Assmann u.a. 1984: 9–10)

Die Tatsache, dass Karl Marx selbst auf zentrale Motive der Religionswissenschaften und der Theologie zurückgreift, um mit ihrer Hilfe das innere Wesen des kapitalistischen Systems selbst zu beschreiben, bietet den Befreiungstheologen einen Anknüpfungspunkt für ihre weiterführende theologische Reflexion. Karl Marx greift insbesondere das Phänomen des „Fetisch" auf, um das Wesen des Kapitalismus zu entlarven. Die Befreiungstheologen betrachten im Übrigen die Fetischismusanalyse von Marx als ein zentrales Moment seiner Religionskritik. Eine breite Strömung von Marxinterpreten sieht in dieser Fetischismusanalyse die Mitte des Marx'schen Gesamtwerkes überhaupt. Bereits in der *Deutschen Ideologie* beschreibt Marx den kapitalistischen Produktionsprozess in der Weise, die ihn später die Metapher des „Fetisch" aufgreifen lässt. Der Sachverhalt, den er damit meint, ist der folgende: Innerhalb kapitalistischer Produktionsverhältnisse erfolgt das Zusammenwirken der Individuen nicht bewusst und geplant; dieser Zusammenhang stellt sich vielmehr erst nachträglich, „naturwüchsig", her, als außerhalb der Kontrolle der beteiligten Menschen liegende Eigendynamik: „Die soziale Macht, d.h. die vervielfachte Produktionskraft, die durch das in der Teilung der Arbeit bedingte Zusammenwirken der verschiedenen Individuen entsteht, erscheint diesen Individuen, weil das Zusammenwirken selbst nicht freiwillig, sondern naturwüchsig ist, nicht als ihre eigene, vereinte Macht, sondern als eine fremde, außer ihnen stehende Gewalt, von der sie nicht wissen, woher und wohin, die sie also nicht mehr beherrschen können, die im Gegenteil nun eine eigentümliche, vom Wollen und Laufen der Menschen unabhängige, ja dies Wollen und Laufen erst dirigierende Reihenfolge von Phasen und Entwicklungsstufen durchläuft." (MEW 3: 34) In den *Grundrissen der politischen Ökonomie* wird dieser Fetischcharakter des Kapitals eingehender und präziser beschrieben. Die Rolle des Geldes als Ausdruck der vollständigen Verdinglichung der sozialen Beziehungen der Menschen ist hier entscheidend. An die Stelle direkter persönlicher Abhängigkeitsverhältnisse tritt die fremde Sachgesetzlichkeit des Kapitals. Ihre Eigengesetzlichkeit kehrt sich gegen die Individuen: „... so sehr die einzelnen Momente dieser Bewegung vom bewussten Willen und besondren Zwecken der Individuen ausgehen, so sehr erscheint die Totalität des Prozesses als ein objektiver Zusammenhang, der naturwüchsig entsteht; zwar aus dem Aufeinanderwirken der bewussten Individuen hervorgeht, aber weder in ihrem Bewusstsein liegt, noch als Ganzes unter sie subsumiert wird. Ihr eignes Aufeinanderstoßen produziert ihnen eine über ihnen stehende, fremde gesellschaftliche Macht; ihre Wechselwirkung als von ihnen unabhängigen Prozess und Gewalt." (Marx 1974: 111).

Im *Kapital* benutzt Marx zur Beschreibung dieses Sachverhalts die Metapher des Fetischismus, und zwar an zwei entscheidenden Stellen: zu Beginn, im Zusammenhang der Analyse der Ware, die als „Elementarform" des kapitalistischen Produktionsprozesses den Ausgangspunkt bildet, und im dritten Band des *Kapital*, in dem er das „Geld heckende Geld", das zinsbringende Kapital analysiert. Im berühmten vierten Abschnitt des ersten Kapitels des *Kapital*, den Marx mit „Der Fetischcharakter der Ware und sein Geheimnis" überschreibt, bezeichnet er die Ware in ihrem Doppelcharakter als Gebrauchs- und Tauschwert als „ein vertracktes Ding ... voll metaphysischer Spitzfindigkeiten und theologischer Mucken". Ihr Fetischcharakter besteht darin, dass die gesellschaftlichen Verhältnisse des Menschen „für sie die phantasmagorische Form eines Verhältnisses von Dingen annimmt": „Um daher eine Analogie zu finden, müssen wir in die Nebelregionen der religiösen Welt flüchten. Hier scheinen die Produkte des menschlichen Kopfes mit eignem Leben begabte, untereinander und mit den Menschen in Verhältnis stehende selbstständige Gestalten zu sein. So in der Warenwelt die Produkte der menschlichen Hand. Dies nenne ich den Fetischismus, der den Arbeitsprodukten anklebt, sobald sie als Waren produziert werden, und der von daher von der Warenproduktion unzertrennlich ist." (MEW 23: 86–87)

In den Religionswissenschaften meint „Fetisch" einen toten Gegenstand, dem vom Menschen Macht zugesprochen wird, einen Gegenstand, der sich, wiewohl vom Menschen selbst produziert, gegenüber eben diesen Menschen verselbstständigt und Macht über ihn gewinnt. Was aus den Köpfen und Herzen der Menschen selbst hervorgeht, wendet sich als Macht außerhalb ihrer Kontrolle gegen sie. Dies ist für Marx die zutreffende Beschreibung des kapitalistischen Produktionsprozesses. Das gesellschaftliche Verhältnis der Personen verkehrt sich darin in ein Verhältnis der Sachen. Die Sache selbst wird zum Subjekt, dem gegenüber die Individuen als Subjekte verschwinden. Die Naturgesetzlichkeit des Systems besteht in eben dieser Verdinglichung gesellschaftlicher Verhältnisse, in denen die Menschen nicht länger Subjekte, sondern bloße Organe, Anhängsel des Systems insgesamt sind. Das Ergebnis der Kooperation der Individuen erscheint ihnen gegenüber als fremde Macht, die sie nicht mehr beherrschen können, der sie vielmehr selbst unterworfen sind. Marx stellt dagegen den Anspruch, dass der Mensch diese naturwüchsige Herrschaft des Kapitals in eine Geschichte „mit Willen und Bewusstsein" verwandle, in ein gesellschaftliches Verhältnis, das aus der bewussten Kooperation der Individuen hervorgehe.

Exkurs

Max Weber und das „eherne Gehäuse" des Kapitalismus

Die Eigendynamik des Kapitalismus im Verhältnis zu den Subjekten, wie sie Marx in seiner Fetischismusanalyse beschreibt, wird von überraschender Seite bestätigt. Max Weber hat auf seine Weise die sachliche Herrschaft des Kapitals im Gegensatz zu persönlichen Abhängigkeitsverhältnissen wie etwa im Feudalismus charakterisiert und dabei deutlich gemacht, dass es sinnlos ist, innerhalb dieses Systems, das nur seiner Sachlogik folgen kann, irgendwelche ethischen Forderungen zu erheben: „Im Gegensatz zu allen anderen Herrschaftsformen ist die ökonomische Kapitalherrschaft ihres ‚unpersönlichen' Charakters halber ethisch nicht reglementierbar. Sie tritt schon äußerlich meist in einer derart ‚indirekten' Form auf, dass man den eigentlichen ‚Herrscher' gar nicht greifen und daher ihm auch nicht ethische Zumutungen stellen kann. Man kann an das Verhältnis des Hausherrn zum Dienstboten, des Meisters zum Lehrling, des Grundherrn zum Hörigen oder Beamten, des Herrn zum Sklaven, des patriarchalen Fürsten zu den Untertanen, weil sie persönliche Beziehungen sind und die zu leistenden Dienste einen Ausfluss und Bestandteil dieser darstellen, mit ethischen Postulaten herantreten und sie inhaltlichen Normen zu unterwerfen suchen [...] Die ‚Konkurrenzfähigkeit', der Markt: Arbeitsmarkt, Geldmarkt, Gütermarkt, ‚sachliche', weder ethische noch antiethische, sondern einfach anethische, jeder Ethik gegenüber disparate Erwägungen bestimmen das Verhalten in den entscheidenden Punkten und schieben zwischen die beteiligten Menschen unpersönliche Instanzen. Diese ‚herrenlose Sklaverei', in welcher der Kapitalismus den Arbeiter oder Pfandbriefschuldner verstrickt, ist nur als Institution ethisch diskutabel, nicht aber ist dies – prinzipiell – das persönliche Verhalten eines, sei es auf der Seite der Herrschenden oder Beherrschten, Beteiligten, welches ihm ja bei Strafe des in jeder Hinsicht nutzlosen ökonomischen Untergangs in allem Wesentlichen durch objektive Situationen vorgeschrieben ist und – da liegt der entscheidende Punkt – den Charakter des ‚Dienstes' gegenüber einem unpersönlichen *sachlichen Zweck* hat." (Weber 1972: 708–709) Gegenüber dieser subjektlosen Herrschaft des Kapitals ethische Forderungen zu erheben ist deshalb die Forderung nach Aufhebung dieses Systems selbst.

Die Befreiungstheologen weisen darauf hin, dass diese Struktur des kapitalistischen Produktionsverhältnisses exakt einem zentralen Text der prophetischen Götzenkritik entspricht. Zur Zeit des babylonischen Exils (oder unmittelbar danach) hat ein Prophet in der Tradition des Jesaja („Deuterojesaja") ein Spottlied auf die Götzen gedichtet, das deren Wesen im Sinne eines Fetischs erfasst: Die Menschen werfen sich vor dem Produkt ihrer eigenen Hände in den Staub, und zwar in der Weise, dass dieses Verhältnis in Konkurrenz zur Befriedigung der Grundbedürfnisse tritt:

> Der Schnitzer misst das Holz mit der Messschnur, er entwirft das Bild mit dem Stift und schnitzt es mit seinem Messer; er umreißt es mit seinem Zirkel und formt die Gestalt eines Mannes, das prächtige Bild eines Menschen; in einem Haus soll es wohnen. Man fällt eine Zeder, wählt eine Eiche oder sonst einen mächtigen Baum, den man stärker werden ließ als die übrigen Bäume im Wald. Oder man pflanzt einen Lorbeerbaum, den der Regen groß werden lässt. Das Holz nehmen die Menschen zum Heizen; man macht ein Feuer und wärmt sich daran. Auch schürt man das Feuer und backt damit Brot. Oder man schnitzt daraus einen Gott und wirft sich nieder vor ihm; man macht ein Götterbild und fällt vor ihm auf die Knie. Den einen Teil des Holzes wirft man ins Feuer und röstet Fleisch in der Glut und sättigt sich an dem Braten. Oder man wärmt sich am Feuer und sagt: Oh, wie ist mir warm! Ich spüre die Glut. Aus dem Rest des Holzes aber macht man sich einen Gott, ein Götterbild, vor das man sich hinkniet, zu dem man betet und sagt: Rette mich, du bist doch mein Gott! (Jes 44,13–17)

Der Fetischcharakter des Kapitals gibt dem kapitalistischen Produktionsverhältnis den Anschein von naturgegebenen, nicht veränderbaren Spielregeln. Verschleiert wird dabei, dass sich dahinter ein Kampf um Leben und Tod verbirgt, dass diese Spielregeln über Leben und Tod der Menschen entscheiden. Dies kann nur aus der Perspektive der Opfer entlarvt werden. Bereits Marx hat hier auf ein weiteres Bild aus der biblischen Götzenkritik zurückgegriffen, um zu zeigen, dass die Opfer keine bedauerlichen Zwischenfälle sind, sondern dass es im Wesen des kapitalistischen Systems selbst liegt, Opfer zu fordern: „Durch ihre berufensten Gelehrten, wie den Dr. Ure […] hatte die Bourgeoisie prophezeit […], dass jede gesetzliche Beschränkung des Arbeitstages die Totenglocke der britischen Industrie läuten müsste, die, vampirgleich, nicht leben könne ohne Blut und vor allem Kinderblut. In alten Zeiten war der Kindesmord ein mysteriöser Ritus der Religion des Moloch. Doch er wurde nur bei ganz feierlichen Gelegenheiten ausgeübt, einmal im Jahr vielleicht, und dann hatte damals der Moloch keine ausschließliche Vorliebe für die Kinder des Armen." (Marx 1934: 450–451)

Indem die Befreiungstheologen die Marx'sche Fetischismusanalyse aufgreifen und theologisch rezipieren, machen sie deutlich, dass die kapitalistische Ökonomie nicht einfach eine sozialethische Frage ist, sondern dass diese Frage ins Zentrum der Theologie selbst gehört, dass mit ihr Gottes Gottsein selbst auf dem Spiel steht. Wenn der Sinn des Heilshandelns Gottes das solidarische Subjektwerden der Menschen vor Gottes Angesicht ist, dann ist jede Wirklichkeit, die dies systematisch verhindert, eine widergöttliche, dem universalen Heilswillen Gottes widerstreitende Wirklichkeit.

Wenn die Befreiungstheologen den Fetischcharakter des Kapitals theologisch als Götzendienst qualifizieren, dann greifen sie ein zentrales bibeltheologisches Motiv auf, das sich von der Tora bis zur neutestamentlichen Offenbarung des Johannes durch die Schriften der Bibel zieht. Dem Gegensatzpaar Gott und Götzen wird der Widerspruch zwischen Befreiung und Unterdrückung zugeordnet. Den Ursprung des biblischen Jahweglaubens bildet das Exodusgeschehen. Dass Gott sich als rettende Wirklichkeit für die Unterdrückten erweist, ist für das biblische Gottesbekenntnis konstitutiv. Das befreiende Geschichtshandeln Gottes setzt sich fort in der Stiftung der Solidargemeinschaft, die in Erinnerung an Gottes geschichtsmächtiges Handeln zugunsten der Unterdrückten diese zum Maßstab macht. In diesem Zusammenhang ist auch der Gegensatz zwischen dem Befreiergott und den Götzen der Unterdrückung anzusiedeln. Sozialgeschichtlich liegt ihm der Konflikt zwischen Solidarstrukturen von Volksgruppen, für die das Exodusgeschehen konstitutiv ist, und anderen Herrschaftsansprüchen zugrunde. Jorge Pixley etwa zeigt auf, dass der Baalskult die religiöse Legitimation der kanaanitischen Monarchien darstellte: Die Wahl zwischen Jahwe und Baal, von der der Elija-Zyklus handelt, war auf ideologischer Ebene Ausdruck des Klassengegensatzes zwischen dem Staat und den Bauern in Israel. (vgl. Pixley 1984: 91–101).

Pablo Richard (vgl. zum Folgenden Richard 1984: 11–38) unterscheidet im Zusammenhang des Götzendienstes das Problem der Kultbilder Jahwes und der Verehrung fremder (falscher) Götter. Beide stehen im Widerspruch zum befreienden und rettenden Handeln Jahwes. Den theologischen Sinn des Verbotes von Kultbildern interpretiert Richard folgendermaßen: *Gott offenbart sich als befreiender in seiner unmanipulierbaren Transzendenz ausschließlich als Bild des befreienden Menschen!*

Religionsgeschichtlich unterscheidet Richard die vormonotheistische Phase von der späteren Phase eines reflektierten Monotheismus. In der ersten Phase der Monolatrie, also der Alleinverehrung Jahwes, ohne dass die Existenz anderer Götter in Abrede gestellt wird, bedeutet der Abfall vom Jahweglauben die Leugnung seines geschichtsmächtigen Handelns. Die Etablierung des Königtums, die Aufkündigung von

Solidarstrukturen und die Unterwerfung unter Fremdmächte sind Manifestationen dieses Abfalls. Mit der Exilszeit setzte sich allmählich ein reflektierter Monotheismus durch, der Jahwe als den einzigen und universalen Herrn der Geschichte anerkennt. Die fremden Götter werden ihm gegenüber als „Nichtse“ bezeichnet und als menschliches Machwerk, als Ausdruck menschlicher Machtmanipulation, entlarvt. Die Macht der Götzen ist durchaus real, aber diese Macht beziehen sie aus der Macht der Menschen! Der Götzendienst lässt also die unterdrückende Macht zu einer spirituellen und transzendenten Welt werden, welche die Unterdrückung verschleiert und legitimiert.

Auch für das Neue Testament – das arbeitet Richard deutlich heraus – bleibt der Gegensatz zwischen Befreiergott und Götzen der Unterdrückung zentral. In vier Zusammenhängen spielt er eine zentrale Rolle:

1. Das Neue Testament kennt einen Götzendienst im Gegensatz zum Christusbekenntnis, dessen Wesen es ist, Mensch, Natur und Geschichte zu zerstören. Richard verweist hier insbesondere auf Apg 17,16–34 und Kol 1,15. Das theologische Argument, mit dem im Neuen Testament dieser Götzendienst zurückgewiesen wird, lautet: Der Mensch bzw. der auferstandene Christus ist das Bild Gottes!
2. Zentral ist der Götzendienst des Geldes. Insbesondere innerhalb der Tradition der Logienquelle Q ist der Gegensatz zwischen „Mammon“ und dem biblischen Gott ein bedeutsames Motiv. Richard zeigt vor allem anhand der paulinischen und deuteropaulinischen Briefe auf, dass die Unterwerfung unter die Macht des Geldes die Fetischisierung und damit Zerstörung der zwischenmenschlichen, sozialen und politischen Beziehungen bedeutet.
3. Vor allem in den synoptischen Evangelien und bei Paulus findet sich als eine weitere Form des Götzendienstes der des Gesetzes als der vermittelnden Instanz zwischen Gott und Mensch. Richard bezeichnet diese Variante als ethischen und religiösen Fetischismus. Das Resümee Richards in Bezug auf den Götzendienst des Geldes und des Gesetzes lautet: „Der durch Christus befreite Mensch kann seinen Glauben nur bekennen, mitteilen und feiern als eine Praxis ständigen Kampfes gegen die falschen Götter, die falschen Vergötterungen und jede falsche transzendente oder übernatürliche Spiritualisierung, die das Geld und das Gesetz als Herrschaftsinstrument schaffen …“ (Richard 1984: 34)

4. Die vierte Gestalt des Götzendienstes ist das bestimmende Thema des letzten Buches der Bibel, der Offenbarung des Johannes: der Götzendienst der politischen Macht. Das Christusbekenntnis hatte sich gegenüber einer alles beherrschenden Macht mit totalitärem Anspruch zu bewähren, der Herrschaft des römischen Imperiums: „Der Christ bekundete seine volle Befreiung in Jesus Christus, was nicht unmittelbar eine politische Praxis gegen den Kaiser mit sich brachte, sondern diesem nur die Legitimation absprach und ihm jede transzendente, übernatürliche oder göttliche Dimension bestritt, die der Kaiser zugunsten der Herrschaft und Unterdrückung manipulierte. Die gegen den Götzendienst gerichtete Offenbarung war somit eine Botschaft der Hoffnung und der Befreiung für die vom römischen Imperium verfolgten und unterdrückten Christen. In diesem Sinne war sie auch eine subversive Botschaft, in der sich alle Unterdrückten erkannten und verstanden fühlten. In diesem Kontext erreichten sowohl das von den Christen gelebte und verkündete Evangelium als auch ihr unerschütterlicher Glaube an den Gott Jesu Christi, des einzigen Herrn der Geschichte, ihre befreiende und historische Bedeutung." (Richard 1984: 36)

Jon Sobrino hat das Motiv des Götzendienstes innerhalb seiner christologischen Arbeiten stark akzentuiert. Den Gegensatz zwischen dem Götzendienst und dem befreienden Gott Jesu Christi führt er auf den fundamentalen Gegensatz von Tod und Leben zurück. Jede Christologie hat davon auszugehen, dass Jesus die eschatologisch-endgültige unüberbietbare Selbstmitteilung Gottes ist. An ihm ist daher abzulesen, wer Gott ist: Der lebendige Gott, der selbst Leben schenkt. Auf diese Kurzformel bringt Sobrino das christologische Bekenntnis. Was Jesus von Gott offenbart, ist, dass er rettet, Leben schenkt, und zwar in Fülle. Die Praxis Jesu, mit der sich Gott in der Auferweckung Jesu vorbehaltlos identifiziert, zeigt, dass die fundamentalste Vermittlung Gottes das ist, was Leben fördert. Die Botschaft und Praxis Jesu deutet Sobrino innerhalb des Spannungsfeldes vom lebenspendenden Gott einerseits und den Mächten des Todes (Götzen) andererseits. Jesu Praxis macht das bedrohte Leben der Armen zum Kriterium der Gottbegegnung. Damit gerät er in einen unausweichlichen Konflikt mit den Mächten des Todes, die Jesus vor allem dann entlarvt, wenn sie sich religiös legitimieren. Das jüdische Gesetz einerseits und die politische Herrschaft der „pax romana" andererseits sind die historischen

Konkretionen dieser Todesmächte, mit denen Jesus durch seine Praxis in tödlichen Konflikt gerät. Jesu Tod liegt daher in der Logik dieser Todesmächte – des Götzens des jüdischen Gesetzes und des Götzens der römischen Herrschaft. Der Prozess Jesu ist letztlich der Schauplatz des Konflikts zwischen dem Gott des Lebens und den Götzen des Todes (Sobrino 1984: 63–110).

Gegen die unterschiedlichen Gestalten der Fetischisierung zwischenmenschlicher Beziehungen (in Form von Geld, politischer Macht, Gesetz ....) haben die Befreiungstheologen bibeltheologisch Kriterien herausgearbeitet, die untrennbar mit dem Gottsein Gottes und seiner geschichtlichen Selbstmitteilung zusammenhängen: das Kriterium der leiblichen Bedürftigkeit des Menschen als den Prüfstein der jesuanischen Reich-Gottes-Botschaft schlechthin, das Kriterium der Solidargemeinschaft als der von Gott gestifteten Kontrastgesellschaft; das Kriterium des Subjektseins im Gegensatz zu Herrschaftsverhältnissen bzw. der Vergötzung von Natur und Geschichte. Letztlich lassen sich all diese Kriterien zurückführen auf den fundamentalen Gegensatz zwischen Leben und Tod. Damit steht kein Teilbereich der Ethik zur Debatte, sondern die Frage nach Gott selbst. Wenn Gottes Gottsein (neutestamentlich gesprochen: das Reich Gottes) die Wirklichkeit insgesamt betrifft (und nur unter der Voraussetzung dieses universalen Anspruchs ist Gottrede überhaupt sinnvoll) und keinen Teilbereich ausspart, dann sind diese Kriterien konsequenterweise an die Ökonomie anzulegen. Der Kapitalismus zeichnet sich gerade dadurch aus, dass er die genannten Kriterien systematisch nicht erfüllt. Das biblische Gottesbekenntnis entlarvt dies als widergöttlich. Die Frage der kapitalistischen Ökonomie erweist sich im Sinne der Befreiungstheologen deshalb als Frage nach Gottes Gottsein selbst.

Merksatz

> Im Anschluss an die Marx'sche Fetischismusanalyse zeigen die Befreiungstheologen, dass das Wesen der kapitalistischen Ökonomie in der Umkehrung von Subjekt und Objekt besteht: Die Eigengesetzlichkeit der Ökonomie wendet sich gegen die Menschen, die eigentlichen Produzenten. Diesen Sachverhalt verbinden die Befreiungstheologen mit dem zentralen biblischen Motiv des Gegensatzes zwischen dem Gott des Lebens und den Götzen der Unterdrückung.

Hinweis

In diesem Zusammenhang sei auf einen zweiten sehr bedeutsamen Argumentationsstrang hingewiesen, der die Ökonomie als genuin theologische Frage behandelt. Der reformierte systematische Theologe Ulrich Duchrow begründet seinen zentralen Gedankengang mit dem zweiten Verwerfungssatz des zweiten Artikels der *Barmer theologischen Erklärung*, die sich in ihrem Entstehungskontext gegen den Nationalsozialismus wandte, die aber von ihrer inneren Tendenz her auf die gegenwärtige kapitalistische Ökonomie anzuwenden ist: „Wir verwerfen die falsche Lehre, als gebe es Bereiche unseres Lebens, in denen wir nicht Jesus Christus, sondern anderen Herren zueigen wären, Bereiche, in denen wir nicht der Rechtfertigung und Heilung durch ihn bedürfen." Die Tendenz dieses Verwerfungssatzes richtet sich nach Duchrow heute ebenso gegen die behauptete Eigengesetzlichkeit der Ökonomie als einer „lebensgefährlichen Realität für die Mehrheit der Weltbevölkerung". Damit ist in einer zentralen Frage ein interessanter Prozess gegenseitigen Lernens zwischen lateinamerikanischer Befreiungstheologie und europäischer Theologie eröffnet. (vgl. Duchrow 1986).

Kritik

Die Theologie der Befreiung hat mit der Thematisierung des Gegensatzpaares „Gott des Lebens – Götzen der Unterdrückung" nicht nur ein zentrales biblisches Motiv theologisch wieder aufgearbeitet, sonder vor allem überzeugend gezeigt, dass mit der lebensfeindlichen kapitalistischen Ökonomie eine im strengen Sinne theologische Frage, Gottes Gottsein selbst, auf dem Spiel steht. Allerdings wird dies oftmals in einer Weise thematisiert, die den Eindruck erweckt, als erschöpfe sich die Gottesfrage in diesem Aspekt. Die Auseinandersetzung mit der klassischen und zeitgenössischen Religionskritik, die die Legitimität eines Gottdenkens überhaupt bestreitet, das Ernstnehmen des säkularisierten Klimas der Moderne, die Verantwortung einer Gottrede angesichts eines modernen naturwissenschaftlich geprägten Weltbildes, der Dialog mit dem Atheismus und in diesem Zusammenhang ein theologisches Ringen um die Theodizeefrage – dies alles kann man wohl kaum als den Luxus einer saturierten Theologie in den Ländern des Zentrums beiseite schieben.

Basislektüre

Assmann u.a. (Hg.) 1984; Assmann/Hinkelammert 1992.

2 Jesus Christus, der Befreier

Die christologischen Reflexionen der Theologie der Befreiung sind äußerst reichhaltig und beschreiten herausfordernde Denkwege, die hier nicht mehr als andeutungsweise zur Sprache kommen können. Dass die Person Jesu von Nazaret und deren theologische Deutung der Prüfstein einer jeden christlichen Theologie ist, bedarf wohl keiner näheren Begründung. Die methodischen Voraussetzungen der Theologie der Befreiung bewähren sich gerade an der Christologie. Das sei im Folgenden in knapper Form dargestellt.

Im Gegensatz zu anderen theologischen Entwürfen geht die Befreiungstheologie methodisch von der Reflexion ihres eigenen gesellschaftlichen Standortes aus. Dies gilt selbstverständlich auch für die Christologie. Jedwede Christologie setzt die Nachfolge Jesu hermeneutisch voraus. Der Glaube an Jesus Christus (im Sinne der *fides qua*, des existenziellen Glaubensvollzugs) ist die Nachfolge Jesu. Erst aus dem praktischen Vollzug der Nachfolge ergibt sich überhaupt die Notwendigkeit der theologischen Reflexion der Bedeutung Jesu von Nazaret (im Sinne der *fides quae*, des konkreten Glaubensinhalts). Befreiungstheologisch gewendet bedeutet dies: „Ein lebendiger Glaube an Jesus Christus setzt das Engagement für die Befreiung der Unterdrückten voraus." (Boff ³1989: 21) Die Bekehrung zu Jesus Christus, der heute in bevorzugter Weise unter den Armen gegenwärtig ist (vgl. Puebla 31–39), ist der Ausgangspunkt einer jeden Christologie der Befreiung. Darüber hinaus lassen sich für die unterschiedlichen Christologien der Befreiung wesentliche Gemeinsamkeiten ausmachen:

„Die Christologie, die in Lateinamerika erarbeitet wird, legt das Schwergewicht eher auf den historischen Jesus als auf den Christus des Glaubens." (Boff ³1989: 31). Dies hat der Befreiungstheologie auch prompt den – unzutreffenden – Vorwurf eingebracht, sie betreibe nicht eigentlich Christologie, sondern Jesulogie. Die Legitimität eines methodisch induktiven Vorgehens, einer aufsteigenden „Christologie von unten", ist mittlerweile theologischer Konsens. Doch im

Gegensatz etwa zur existenzialen Hermeneutik Rudolf Bultmanns sind die Befreiungstheologen jener Richtung zuzuordnen, die die Frage nach dem historischen Jesus nicht nur für möglich, sondern auch für theologisch unverzichtbar halten. Nur auf diese Weise werden die dogmatischen Aussagen über Jesus Christus mit konkretem Sinn erfüllt und geraten nicht zur schlichten Bestätigung dessen, was man „immer schon" über den Menschen oder über Gott wusste. Ein entscheidender Unterschied zur europäischen Theologie bleibt jedoch in diesem Zusammenhang festzuhalten. Während es dieser bei der Rückfrage nach dem historischen Jesus um die mögliche Rationalität des Glaubens an Jesus Christus geht, geht es der Befreiungstheologie entscheidend um die Praxis der Nachfolge im konkreten historischen Kontext: „In Europa ist der historische Jesus ein Forschungsgegenstand, während er in Lateinamerika Kriterium der Nachfolge ist. In Europa will die Erforschung des historischen Jesus die Möglichkeiten und die Vernünftigkeit dessen ausloten, was man glauben oder nicht glauben kann. In Lateinamerika hingegen stellt die Berufung auf den historischen Jesus vor die Entscheidung, sich zu bekehren oder nicht." (Gonzáles Faus 1983: 79)

Deutlicher als andere christologische Ansätze hat die Befreiungstheologie die unauflösliche Verbindung zwischen der Person Jesu und der Reich-Gottes-Botschaft herausgestellt: „Am Anfang hat Jesus weder sich selbst noch die Kirche gepredigt, sondern das Reich Gottes." (Boff [3]1989: 43). Die Bedeutung von „Reich Gottes" wird dabei vor allem aus der Praxis Jesu selbst erhoben. Mehr als andere christologische Entwürfe arbeitet die Befreiungstheologie die Parteilichkeit und die damit verbundene Konfliktivität der Reich-Gottes-Botschaft und -Praxis Jesu heraus. Die Ergebnisse einer sozialgeschichtlichen Exegese sind hierbei von besonderer Bedeutung (vgl. hierzu vor allem und grundlegend Schottroff/Stegemann [3]1990). Die Adressaten schlechthin der Reich-Gottes-Botschaft sind die Armen. In diesem Sinne entwirft Jon Sobrino konsequent eine systematische Christologie auf der Grundlage der Zentralität der Reich-Gottes-Verkündigung (vgl. Sobrino 1996: 567–591). Deren entscheidender Grundzug ist die Verheißung der eschatologischen Umkehrung des sozialen Geschicks. Aufgabe einer jeden Christologie kann es ja nur sein, die eschatologische Letztgültigkeit der Person Jesu Christi zu begründen. Der endgültige Wille Gottes aber für die Welt ist – gemäß Jesu Botschaft selbst – sein Reich. Jesus als der endgültige Mittler dieses Reiches ist die Grundlage einer jeden theologischen Deutung des Christusereignisses. Sobrino arbeitet die Akzentverschiebungen innerhalb des Neuen Testaments hin zu den „Hoheitstiteln" Jesu heraus (der Sohn, das Wort, der Herr usw.), die die Beziehung Jesu zum Vater zum Ausgangspunkt haben und traditionellerweise die neutestamentliche Grundlage einer dogmatischen Christologie bildeten. Er macht jedoch darauf aufmerksam, dass die narrative Christologie der synoptischen Evangelien selbst den Boden für die Legitimität einer konsequenten Christologie des „absoluten Mittlers des Reiches Gottes" bereitstellt. Die besondere Beziehung Jesu zu Gott, wie sie in der Anrede „Abba" zum Ausdruck kommt, wird hier integriert. Der Abba-Gott Jesu ist kein anderer als der Gott des von ihm verkündeten Reiches Gottes. Die Parteilichkeit dieser Reich-Gottes-Botschaft offenbart den Skandal eines radikal anderen Gottes. Sobrino stellt klar, dass die Universalität der christlichen Heilsbotschaft die Befreiung von allen ethnischen, geografischen und religiösen Schranken ist, jedoch die Parteilichkeit für die Armen nicht ausschließt, sondern dass diese gerade deren Voraussetzung bildet. Die universale Lebensverheißung Gottes hat sich an denen zu bewähren, die faktisch von dieser Lebensverheißung ausgeschlossen sind. Von dieser Parteilichkeit für die Ausgeschlossenen her formuliert die Befreiungstheologie Gottes Transzendenz, den je größeren Gott, neu. Das Unerhörte, Undenkbare, dass die Armen die Adressaten des Reiches Gottes sind, wird zur konkreten historischen Vermittlung der Unberechenbarkeit und Neuheit des Geheimnisses Gottes selbst, seiner Transzendenz in Bezug auf alle menschlichen Gottesbilder. Zu akzeptieren, dass die Armen die Adressaten des Reiches Gottes sind, ist eine wirksame Weise, Gott Gott sein zu lassen, zuzulassen, dass er sich so zeigt, wie er ist und sich zeigen will. Wenn Paulus die Offenbarung der Weisheit Gottes in der offensichtlichen Torheit und im Skandal des Kreuzes erblickt, dann bedeutet das, dass Gott sich gerade darin in seiner unmanipulierbaren Transzendenz zeigt, die alle Gottesvorstellungen, die unseren Eigeninteressen entsprechen, durchkreuzt.

> … das Typischste der Gottesvorstellung Jesu ist, dass Gott größer ist, weil er Liebe ist, und dass sein Größer-Sein mit seinem Parteilich-Sein in Beziehung steht […]. Wenn sich das Größer-Sein Gottes für Jesus in der liebevollen Absicht Gottes gegenüber der Welt zeigt, so wird für ihn die historische und glaubensmäßige Wirklichkeit dieser Liebe in der Parteilichkeit Gottes gegenüber den Geringsten sichtbar. Gott ist

> für Jesus Liebe, weil er jene liebt, die niemand liebt, weil er sich um jene sorgt, um die sich niemand sorgt. (Sobrino 1984: 98–99)

Die Armen werden als theologischer Ort, als letztgültige Vermittlung und als historische Fortsetzung der Offenbarung Gottes charakterisiert – jedoch nicht nur als Leidende und Opfer der historischen Umstände, sondern gleichzeitig als solche, die die Zukunft des Reiches Gottes, einer „Gesellschaft, in der alle Platz haben", einklagen und dafür kämpfen. Im Kontext dieser messianischen Bewegung der Armen selbst erweist sich der Gott Jesu als der Gott des Lebens im unvermeidlichen Antagonismus mit den Götzen des Todes (siehe weiter oben S. 77 ff.).

Tod und Auferstehung Jesu werden innerhalb der Theologie der Befreiung wieder seiner Reich-Gottes-Praxis zugeordnet und als deren Konsequenz begriffen. „Jesus hat den Tod nicht gesucht. Der Tod wurde ihm von außen aufgezwungen, und er hat ihn nicht resigniert angenommen, sondern als Ausdruck seiner Freiheit und Treue zur Sache Gottes und der Menschen." (Boff ^{3}1989: 37) Entschieden wendet sich die Befreiungstheologie damit gegen die unzureichenden soteriologischen Deutungen im Sinne einer stellvertretenden Sühne u.ä. Diese stellen eine kontextlose, „punktualistische" Deutung des Geschicks Jesu, eine Entstellung des christlichen Gottesbildes und eine Mystifizierung des Leids dar. Reich Gottes ist eine dialektische Wirklichkeit, ist den Kräften des Anti-Reiches ausgesetzt, den Mächten, die sich ihrerseits als letztgültige Wirklichkeit zu legitimieren versuchen. Darin besteht ihr Götzencharakter. Das Schicksal Jesu ist innerhalb dieser konfliktiven Wirklichkeit die unausbleibliche Folge seiner Reich-Gottes-Praxis. Seine Auferweckung ist die eschatologische Vorwegnahme dieses Reiches in der Person seines Mittlers, die Bestätigung seiner Praxis und der Grund unserer Hoffnung, dass diese Praxis auch am Tod nicht gescheitert ist. Die Reden des Petrus in der Apostelgeschichte stellen Jesu Auferweckung als Rechtfertigung des unschuldigen Gerechten dar, der Opfer der Ungerechtigkeit geworden ist. Die Auferstehung Jesu ist jedoch in erster Linie Hoffnung für die Opfer. Das Setzen darauf, dass der Henker nicht in alle Ewigkeit über sein Opfer triumphiert (Max Horkheimer), hat in der Auferweckung Jesu seinen festen Grund gefunden. Das heißt aber umgekehrt auch: Die Offenbarung Gottes in Tod und Auferstehung Jesu erschließt sich nur vom Standort bei den Opfern her.

> Die Erzählung und Deutung des Lebens des Gekreuzigten macht verständlich, worum es sich bei der Auferstehung Jesu handelt. Derjenige, der so gelebt hat und aufgrund dessen gekreuzigt wurde, ist von Gott auferweckt worden. Die Auferweckung Jesu wird eher als die Antwort Gottes auf das ungerechte und verbrecherische Handeln der Menschen dargestellt. [...] Auf diese Weise macht die Auferweckung Jesu direkt den Sieg der Gerechtigkeit über die Ungerechtigkeit offenbar [...], sie wird so zur guten Nachricht, deren zentraler Inhalt lautet, dass die Gerechtigkeit einmal und vollständig über die Ungerechtigkeit, das Opfer über den Henker triumphiert hat. (Sobrino 1982: 174–175)

Die Gekreuzigten der Geschichte sind der Ort, von dem aus der auferstandene Gekreuzigte in seiner Heilsbedeutung allererst erkannt werden kann: „Auf diese Weise haben wir es mit einer Neuformulierung des hermeneutischen Zirkels der Auferstehung zu tun: Der in der Auferweckung des Gekreuzigten offenbar gewordene Gott findet seine bevorzugte Vermittlung im Unterdrückten. Um das Antlitz dieses offenbarten Gottes zu finden, muss man eine Option für die Unterdrückten treffen. Christologisch gesprochen: Im Versuch der Befreiung der Armen aus ihrer Unterdrückung lässt sich der Befreiergott der Armen erfassen, der sich im gekreuzigten Antlitz des Auferstandenen offenbart hat.“ (Vitoria 1986: 352). Ignacio Ellacuría knüpft in diesem Sinne an die wohl älteste Christologie des Neuen Testamentes an, die Jesu Geschick von den Knecht-Gottes-Liedern des Deuterojesaja her interpretiert. Die historische Kontinuität dieses leidenden Gottesknechts erkennt er im „gekreuzigten Volk“ heute.

> Sache der historischen Soteriologie ist es ausfindig zu machen, wo und wie sich das Heils- und Erlösungswerk Jesu vollzog, um es in der Geschichte fortsetzen zu können. Gewiss sind Leben und Tod Jesu „ein für allemal“ geschehen; sie sind ja nicht einfach etwas Faktisches, das dieselbe Bedeutung hätte wie irgendein anderer Tod unter ähnlichen Umständen, sondern etwas, was die definitive Gegenwart Gottes unter den Menschen voraussetzt. Aber dieses Leben und dieser Tod dauern eben auf der Erde und nicht nur im Himmel fort: Die Einzigartigkeit Jesu besteht nicht in seiner Trennung von der Menschheit, sondern in der Definitivität seiner Person und in der Heilsallgegenwart, die ihm zukommt. Alles, was mit so viel Nachdruck über ihn als Haupt eines Leibes, was über die Sendung seines Geistes gesagt wird, durch den sein Werk fortdauert, verweist auf diesen histori-

> schen Fluss seines irdischen Lebens. Die Kontinuität ist nicht rein mystisch und sakramental, so wenig wie sein Handeln auf Erden rein mystisch und sakramental war. Anders gesagt: Nicht der Kult, nicht einmal die Eucharistiefeier ist das totum der Gegenwart und der Kontinuität Jesu; erforderlich ist vielmehr die geschichtliche Fortdauer, die weiterhin realisiert, was er realisiert und wie er es realisiert hat. Im Handeln Jesu wie auch in seiner Biografie muss man eine transgeschichtliche Dimension annehmen; doch diese transgeschichtliche Dimension ist nur dann real, wenn sie wirklich transgeschichtlich ist, das heißt, wenn sie die Geschichte durchquert. Daher muss man sich die Frage stellen, wer in der Geschichte das realisiert, was Jesu Leben und Tod war. (Ellacuría 1996: 834–835)

Dieses gekreuzigte Gottesvolk ist für ihn das „Zeichen der Zeit" schlechthin. Unter gekreuzigtem Volk versteht Ellacuría „jene kollektive Größe [...], welche die Mehrheit der Menschheit darstellt und ihre Kreuzigungssituation einer sozialen Ordnung verdankt, die von einer Minderheit gefördert und aufrechterhalten wird. Diese Minderheit übt ihre Herrschaft durch ein Ensemble von Faktoren aus, die als solches Ensemble und in ihrer historischen Wirksamkeit als Sünde betrachtet werden müssen" (Ellacuría 1996: 835). Die historische Betrachtung des Todes Jesu lässt uns die Kreuzigungssituation dieses Volkes erkennen und theologisch würdigen, wie umgekehrt erst die Verortung in diesem gekreuzigten Volk heute die Voraussetzung für die Erkenntnis der im gekreuzigten und auferstandenen Jesus ergangenen Gottesoffenbarung ist. Die theologische Provokation Ellacurías jedoch besteht vor allem darin, dass er das gekreuzigte Volk Gottes in konsequenter Auslegung der Gottesknechtslieder nicht nur in seiner Opferrolle wahrnimmt, sondern in seiner Heilsrelevanz! In seiner Existenz deckt das gekreuzigte Volk die Sünde der Welt auf und ermöglicht so allererst deren historische Überwindung in der Hoffnung auf den, der Jesus von den Toten auferweckt hat.

Erst vor dem Hintergrund einer solchen Relektüre des Neuen Testaments vom gesellschaftlichen Standort bei den Unterdrückten her sind die dogmatischen Aussagen über Jesus Christus, wie sie sich in der Formulierung der Symbole und der ersten ökumenischen Konzilien manifestieren, keine Leerformeln mehr. Das *Deus verus et homo verus* des christlichen Bekenntnisses wird damit nicht länger im Sinne einer bloßen Bestätigung dessen gesehen, was wir über Gott und den Menschen immer schon zu wissen meinen, sondern umgekehrt: *Wer*

Gott ist und wer der Mensch ist, erschließt sich uns letztlich in Reich-Gottes-Praxis und Geschick Jesu ausgehend von unserer eigenen Nachfolgepraxis an der Seite der von Gott ins Recht gesetzten Opfer der Unterdrückung.

Gegen das Vorurteil, die Theologie der Befreiung vernachlässige die christologische Würdigung der neutestamentlichen Hoheitstitel und der dogmatischen Lehraussagen, seien hier als beeindruckendes Gegenbeispiel Leonardo Boffs Reflexionen über den kosmischen Christus (vgl. vor allem Boff 2013) angeführt. In origineller Weise knüpft Boff hier vor allem an Pierre Teilhard de Chardin an. Die paulinischen und deuteropaulinischen Aussagen zur kosmischen Bedeutung Christi werden hier in ein evolutives Weltbild integriert. Teilhard de Chardin hat aufzuzeigen versucht, dass Zufallsmutation und Selektion keineswegs ausreichen, um das Evolutionsgeschehen zu erklären, dass vielmehr in ihr angelegte Tendenzen zu einer wachsenden Bewusstheit, In-sich-Zentriertheit, Sich-selbst-Gegebenheit und Relationalität zu erkennen sind. Die in der Evolution angelegten Tendenzen deutet er konsequent vom Christusereignis her, in dem diese Tendenzen „konvergieren" und in dem sich ihr letzter Sinn erschließt. Leonardo Boff greift dies in origineller Weise auf, reichert Teilhards Reflexionen mit dem heutigen Wissen und aktuellen Deutungen des kosmischen Prozesses insgesamt an und entwickelt seine Christologie des „kosmischen Christus" zu einem integralen Bestandteil seiner „Ökotheologie der Befreiung" (siehe weiter unten S. 105 ff.). Den hermeneutischen Ausgangspunkt der Befreiungstheologie bei den Armen und Unterdrückten erweitert Boff damit im Sinne von Röm 8 auf die geschundene Schöpfung insgesamt. Boff legt damit eine biblisch und in der Tradition gut verankerte Christologie vor, die sich als gesprächsfähig mit den modernen Naturwissenschaften erweist, dem Dialog mit den nichtchristlichen Religionen neue Impulse gibt und ein tragfähiges Fundament für eine ökologische Spiritualität darstellt.

Kritik

Ganz im Gegensatz zu dem bereits erwähnten Vorurteil der Vernachlässigung dogmatischer Aussagen lässt sich m. E. eher die Tendenz ausmachen, dass die Befreiungstheologen sich allzu affirmativ auf dogmatische Definitionen beziehen, sie oft in origineller Weise neu deuten, ohne sie jedoch in ihrer historischen Genese selbst zu problematisieren oder wenigstens – als eine Möglichkeit unter anderen, das christliche Grundbekenntnis zu artikulieren – zu relativieren. Dies trifft m. E. vor allem auf die trinitätstheologischen Aussagen zu, die dogmengeschichtlich nicht in Frage gestellt werden.

Basislektüre

Boff [3]1989; Boff 2013; Sobrino 2008.

3 Utopie, Reich Gottes und Auferstehung des Fleisches

a) Der eschatologische Vorbehalt

Bereits die europäische „Politische Theologie“ (J.B. Metz, J. Moltmann) hat die christliche Heilsbotschaft unter dem neuzeitlichen Primat der Zukunft zu formulieren versucht und deren Verheißungscharakter betont. Gegen die Transzendentaltheologie Rahners etwa hat Metz eingewandt, dass sich in deren Rahmen Zukunft letztlich nur als Extrapolation des immer schon Gegebenen und nicht wirklich in den Kategorien des unableitbar Neuen denken lasse. Wie aber ist das von Gott verheißene eschatologische Heil auf den innergeschichtlichen Einsatz für die Zukunft zu beziehen? Worin unterscheiden sich innerweltliche Utopien von der Endzeithoffnung des Christentums? In der Verhältnisbestimmung von beidem wird – neben dem Insistieren auf der sozioökonomischen Analyse als erstem methodischen Schritt – ein weiterer wesentlicher Unterschied zwischen der europäischen Politischen Theologie und der lateinamerikanischen Befreiungstheologie sichtbar.

Die Zukunftsorientierung des christlichen Glaubens bedarf der bestimmten geschichtlichen Vermittlung. Doch will man nicht in die Falle des Integralismus tappen, dann kann der Universalitätsanspruch des Christentums – so Metz – nur die Form der Kritik, der bestimmten Negation, annehmen. Die eschatologische Heilshoffnung hat in Bezug auf die Geschichte eine kritische Funktion. Das Ganze der Geschichte steht stets unter dem eschatologischen Vorbehalt Gottes. Jede geschichtliche Errungenschaft bleibt deshalb vorläufig; es verbietet sich jegliche Identifizierung von christlicher Botschaft mit einem bestimmten geschichtlichen Projekt. Diese Relativierung bedeutet aber durchaus auch gleichzeitig eine Radikalisierung: Gerade weil die Zukunft im christlichen Verständnis nicht einfach die bloße Verlängerung unserer innergeschichtlichen Möglichkeiten ist, gerade weil für Christen das Heil jenseits des menschlich Machbaren liegt, befreit die eschatologische Heilshoffnung zu umso radikalerem Einsatz in der Geschichte (vgl. Metz 1968: 107–116). Der eschatologische Vorbehalt ist also ein kritisches Potenzial gegenüber den Tendenzen eines jeden gesellschaftlichen Prozesses, sich zu verabsolutieren. Die Befreiungstheologie macht allerdings auf das Ungenügen dieser Position aufmerksam. Damit werde jede konkrete politische Option *unterschiedslos* bloß auf die Seite des Relativen verwiesen, jeder Geschichtsentwurf habe damit *gleichermaßen* die Tendenz zur Verabsolutierung, der Glaube nimmt zu jedem historischen Projekt, ohne eine konkrete Wahl zu treffen, die *gleiche distanzierte Haltung* ein. Das Absolute darf nicht mit dem Relativen behaftet werden. Es war vor allem Juan Luis Segundo, der die Begriffe analysiert hat, mit deren Hilfe die europäische Politische Theologie das Verhältnis zwischen konkreten innergeschichtlichen Projekten und der eschatologischen Heilsordnung beschrieben hat (Vorwegnahme, Entwurf, analoges Bild, Analogie usw.): Jede Form von Kausalität wird dabei ausdrücklich zurückgewiesen. Selbstverständlich hält auch die Befreiungstheologie an der unverzichtbaren Funktion des eschatologischen Vorbehaltes fest und verwahrt sich ebenfalls gegen platte Identifizierungen von Reich Gottes und bestimmten historischen Projekten, gegen jedwede Sakralisierung von Politik. Allerdings mit einer deutlichen theologischen Korrektur: „Der eschatologische Vorbehalt jedweder christlichen Theologie relativiert keineswegs die Gegenwart, sondern bindet sie an das Absolute […] Die Akzentuierung des Eschatologischen hängt von einer stets neu vorgenommenen richtigen Einschätzung des Kairos, das heißt der Befreiungsopportunität, ab. Der kritische Raum, den die Eschatologie eröffnet, ist nicht geradlinig, sondern dialektisch.“ (Segundo 1974: 442).

> Wenn die Politische Theologie vom Reich Gottes spricht, neigt sie dazu, unter Berufung auf dieses Reich den eschatologischen Vorbehalt zu betonen und auf diese Weise die historischen Wirklichkeiten zu relativieren, als ob diese alle zu diesem Reich die gleiche Distanz hätten […] Für die Theologie der Befreiung stellt sich dieser Sachverhalt anders dar. Der eschatologische Vorbehalt schaltet nicht alle historischen und gesellschaftlichen Wirklichkeiten gleich, er bringt sie vielmehr in eine Rangordnung. Sie beharrt darauf, dass nicht alles die gleiche Nähe oder Ferne zum Reich Gottes aufweis. Und darüber hinaus fügt die Theologie der Befreiung dem eschatologischen Vorbehalt

> etwas hinzu, was man protologische Dringlichkeit nennen könnte; darunter ist zu verstehen, dass die Schöpfung Gottes, das Leben der Schöpfung [...] dass das Leben der Armen Wirklichkeit wird. Es ist nicht verwunderlich, dass man es da, wo das Leben in seinen elementaren Dimensionen bereits gesichert ist, nicht besonders schätzt, von der Utopie des Reiches Gottes zu sprechen, und dass man dazu neigt, an es bloß als Symbol absoluter Fülle zu denken. Doch andererseits versteht es sich auch, dass dort, wo das Leben nicht gesichert, sondern ständig bedroht ist – wie es in der Dritten Welt der Fall ist –, das Leben zum grundlegenden und in gewissem Sinne entscheidenden Element der Utopie des Reiches wird. Der eschatologische Vorbehalt kann also nicht bloß bedeuten, dass man ins Gedächtnis ruft, dass das Reich Gottes noch nicht gekommen ist, noch, dass man auf seine Fülle wartet. Es ist vielmehr der Ansporn dafür, dass wenigstens die Schöpfung Gottes Wirklichkeit werde ... (Sobrino 1984 a: 400)

Ein theologisch entscheidendes Denkmotiv ist hierbei die inkarnatorische Verfasstheit des christlichen Glaubens: Dass sich Gott selbst mit der menschlichen Geschichte bis in die letzte Konsequenz hinein identifiziert hat und dass dies gerade zur Absolutheit seines Gottseins gehört, begründet eine notwendige innere Beziehung zwischen Heilsgeschichte und Heil in der Geschichte. Das geschichtliche Heil ist deshalb konstitutives (!) Zeichen der heilschaffenden Gegenwart Gottes, geschichtliche Entscheidungen erhalten von daher ihren absoluten, eschatologischen Stellenwert.

José Miguez-Bonino geht von der paulinischen Auferstehungstheologie aus, um die positive Beziehung zwischen Reich Gottes und geschichtlichem Handeln zu beschreiben: Mit dem Begriff „Leib" drücke Paulus die Dialektik von Kontinuität und Diskontinuität zwischen gegenwärtigem und auferstandenem Leben aus. Das Gottesreich wird als die Vollendung, Verwandlung der „Leiblichkeit" der Geschichte und ihrer Dynamik der Liebe verstanden. Die Werke haben insoweit eine bleibende Zukunft, als sie der neuen Ordnung der Liebe angehören. Das bedeutet aber, dass das Evangelium konkrete historische Entscheidungen fordert, die von eschatologischer, dem Reich Gottes angemessener Qualität sind. Das impliziert notwendigerweise eine Beurteilung geschichtlicher Initiativen auf zwei Grundlagen: erstens auf der Grundlage der Richtung von Gottes erlösendem Willen und zweitens auf der Grundlage einer konkreten Analyse der Gegenwart (Miguez-Bonino 1977: 123–133).

Der historische Einsatz für Befreiung hat – so Segundo – im Hinblick auf das endgültige Reich Gottes echt kausalen Charakter. Gottes Absolutheit selbst ist nach christlichem Verständnis das restlose Eingehen in eine konfliktive historische Situation. Im Nachvollzug dieser Kenose haben auch wir die historische Wirklichkeit – als den einzigen Ort von Gottes Offenbarung – und ihre widerstreitenden Tendenzen zu analysieren und uns für ein historisches Projekt zu entscheiden. Es gibt sehr wohl historische Alternativen, in denen es um das eschatologische Reich selber geht. Der eschatologische Vorbehalt darf deshalb nicht als Immunisierungsstrategie gegen historische Entscheidungen verwendet werden.

b) Innerweltliche Utopie und Auferstehungshoffnung

Es ist vor allem der deutschstämmige Befreiungstheologe Franz J. Hinkelammert, der sich sehr grundlegend mit dem wissenschaftstheoretischen Status von Utopien und ihrer theologischen Dimension auseinandergesetzt hat. Vor allem hat er dies in seinem Grundlagenwerk *Kritik der utopischen Vernunft* (Hinkelammert 1994) getan. „Kritik" ist hier im Sinne von Kant als die transzendentale Reflexion der Bedingungen der Möglichkeit von Utopie zu begreifen. Utopien – so Hinkelammert – bilden den notwendigen Horizont sowohl der Natur- als auch der Handlungswissenschaften. Sie gehören zur *Conditio humana* selbst, und weder empirisches noch politisches Denken ist ohne sie möglich. Anhand von fünf Fallbeispielen (der Soziologie P. Bergers, dem anarchistischen Denken, der sowjetischen Planwirtschaft, der neoliberalen Wirtschaftstheorie, vor allem aber der wissenschaftstheoretischen Positionen Karl Poppers) zeigt Hinkelammert den jeweiligen *transzendentalen Horizont der Unmöglichkeit* auf, von denen diese Konzipierungen ausgehen und ohne die ihre Begriffsbildung nicht zu verstehen ist. Die *transzendentale Illusion* besteht nun darin, diesen utopischen Horizont mit einem Ziel zu verwechseln, das innergeschichtlich im Lauf eines Prozesses technisch-ökonomischen Fortschritts eingelöst werden könnte. Die utopische Antizipation, die einerseits die notwendige Grundlage der jeweiligen Theorien bildet, kann andererseits nicht als Ziel begriffen werden, dem man sich asymptotisch annähern könnte. Ihre Verwirklichung ist durch genau jene Conditio humana – der Endlichkeit des Menschen – ausgeschlossen, die gleichzeitig auch die Notwendigkeit eines utopischen Horizontes bedingt. Hinkelammert leistet vor allem eine sehr scharfsinnige immanente Kritik der wissenschaftstheoretischen Positionen Poppers. Popper hat die empirische Falsifizierbarkeit von Theorien zum Kriterium der Wissenschaftlichkeit erhoben. Hinkelammert weist nun nach, dass die Wissenschaften von *empirischen Prinzipien der Unmöglichkeit* ausgehen. Es handelt sich keineswegs um logische Unmöglichkeiten, sondern um empirische, aber dennoch nicht falsifizierbare. So geht zum Beispiel die Physik von der Unmöglichkeit eines Perpetuum mobile aus. Aus diesem Prinzip der Unmöglichkeit leitet sich unmittelbar der Erhaltungssatz der Energie her. Empirische Prinzipien der Unmöglichkeit sind des Weiteren, dass ein Mensch unsterblich wäre, ohne Nahrung auskäme, nicht den Bedingungen von Raum und Zeit ausgeliefert wäre etc. Innerhalb von Poppers Wissenschaftstheorie können all diese „transzendentalen Falsifikatoren" gar nicht ausgeschlossen werden. Er muss seiner Position zufolge immer damit rechnen, auf ein Perpetuum mobile, einen unsterblichen Menschen etc. zu stoßen, der den allgemeinen Satz „Es gibt kein Perpetuum mobile" oder „Alle Menschen sind sterblich" falsifizieren könnte. Die empirischen Prinzipien der Unmöglichkeit stecken für Hinkelammert die Grenzen ab, innerhalb derer sich die empirischen Wissenschaften, die ökonomischen und Gesellschaftstheorien und die politische Praxis bewegen – so wie Kants *Kritik der reinen Vernunft* die Reichweite unserer möglichen Erkenntnis absteckt. Konkret führt Hinkelammert seine Kritik vor allem am Neoliberalismus mit seinem utopischen Horizont einer *Societas perfecta* des vollkommenen Gleichgewichts durch. Die transzendentale Illusion der Herstellbarkeit des totalen Marktes mündet letztlich in aggressive Antiutopie, die sich gegen jedes gesellschaftliche Handeln richtet, welches von den konkreten Grundbedürfnissen der Menschen und von solidarischen Verhältnissen ausgeht. In Anlehnung an die scharfsinnige Kritik Morgensterns zeigt Hinkelammert, dass das neoliberale Modell bereits systematisch von den Grundbedürfnissen der Menschen absehen muss, da seine Gleichnissysteme davon ausgehen müssen, dass die Variable „Arbeitslohn" gegen Null tendieren kann. Im Namen der Utopie des totalen Marktes wird jede Tendenz, sich gegen dessen konkrete Auswirkungen zu wehren, dämonisiert. In einem zirkulären Denken wird jedes Marktversagen auf eine noch nicht vollkommene Durchsetzung der Marktgesetze zurückgeführt.

Auch anhand anderer Gesellschaftsentwürfe (wie etwa der Theorie einer vollkommenen Wirtschaftsplanung) zeigt Hinkelammert den transzendentalen Charakter des utopischen Horizontes und die Gefahr der transzendentalen Illusion auf, sobald man ihn zu einem innergeschichtlich zu verwirklichenden Ziel erhebt. Vor allem aber bereitet Hinkelammert wissenschaftstheoretisch den Boden für ein legitimes theologisches Weiterdenken. Die Utopie ist als wesentlicher Bestandteil der Conditio humana, also der konkreten Daseinsverfassung des Menschen selbst als eines endlichen Wesens, die Konzeptualisierung von Verhältnissen jenseits dieser Conditio humana. Die Vorstellung einer Gesellschaft jenseits der Grenze des menschlich Möglichen widerspricht jedoch keinem Gesetz der empirischen Wissenschaften. Im Gegenteil: Ein solcher utopischer Horizont liegt ihnen als transzendentale Bedingung ihrer Möglichkeit gerade zugrunde. Die Conditio humana kann man letztlich im Faktum des Todes bündeln. Der Tod geht aber nicht zwingend aus irgendeinem Gesetz der empirischen Wissenschaften hervor. Es gibt kein Naturgesetz, das ihn begründen würde. Wenn aber die Conditio humana nicht aus den Gesetzen der empirischen Wissenschaften hergeleitet werden kann, dann eröffnet dies den Raum für die Denkbarkeit jenseits der Grenzen des menschlich Möglichen. Hinkelammert zeigt in seinen methodologischen Überlegungen (Hinkelammert 1994: 300–308), dass die empirischen Wissenschaften die Natur unter dem Gesichtspunkt der menschlichen Handlungsmöglichkeiten deuten. Es wäre ein metaphysischer Anspruch und letztlich ein Rückfall hinter Kants kritische Positionen, wenn die Naturwissenschaften vorgäben, über die Natur an sich zu sprechen. Ihr Horizont sind die Möglichkeiten menschlichen Einwirkens auf die Natur; nicht Gesetze *der* Natur, sondern nur objektiv gültige Gesetze über das Handeln der Menschen *in* der Natur. Aus den Prinzipien der Unmöglichkeit menschlichen Handelns leiten sie die Naturgesetze ab. Ein Handeln jenseits des menschlich Möglichen würde von daher keinen Bruch mit den Naturgesetzen bedeuten, weil diese ausschließlich *menschliche* Handlungsmöglichkeiten beschreiben, und nicht Handlungsmöglichkeiten an sich. Die eschatologische Heilshoffnung des Christentums wird im letzten Buch der Bibel, der Offenbarung des Johannes, auf den Begriff der neuen Erde gebracht. Die neue Erde kann man verstehen als Konzeptualisierung der menschlichen Gesellschaft jenseits der Conditio humana. Da sie sich ausdrücklich als eine solche Utopie jenseits des menschlich Machbaren versteht, ist sie in gewissem Sinne realistischer als die säkularen Utopien. Sie gibt im Gegensatz zu diesen nicht vor, ein durch menschliches Handeln erreichbares Ziel zu sein. Die Verwirklichung wird vom Handeln Gottes erhofft, der für die Empirie eben nicht zugänglich ist.

Für die Befreiungstheologie insgesamt ist bedeutsam, dass Hinkelammert seine Überlegungen zum Verhältnis von innergeschichtlicher Utopie und eschatologischer Heilshoffnung am Marx'schen Konzept des „Reiches der Freiheit" konkret durchführt und damit von einer immanenten Kritik dieses zentralen Marx'schen Begriffs ausgeht, um theologisch weiterzudenken. Eine Theologie, die methodisch zentrale Einsichten des Marxismus rezipiert, trägt natürlich die Beweislast dafür, dass dies widerspruchsfrei möglich ist, ohne die Konsequenzen der Marx'schen Religionskritik zu teilen:

Der Marx'sche Begriff des „Reiches der Freiheit" ist innerhalb seiner Konzeption insgesamt zentral. Es ist für ihn der konstitutive Bezugspunkt für die Analyse der verdinglichten kapitalistischen Verhältnisse. Diese ließe sich ohne das Gegenbild durchsichtiger Produktionsverhältnisse und einer Gesellschaft, die auf der gegenseitigen Anerkennung der Individuen beruht, gar nicht durchführen. Das Reich der Freiheit ist also der transzendentale utopische Horizont der Marx'schen Gesellschaftsanalyse. Während der frühe Marx dieses Reich der Freiheit idealistisch konzipierte und die grundsätzliche Möglichkeit seiner innergeschichtlichen Realisierung unterstellte, reflektiert er später selbst den transzendentalen Status dieses Konzeptes. Er siedelt es nun ausdrücklich jenseits der Sphäre des menschlich Machbaren an und spricht von einem stets verbleibenden Reich der Notwendigkeit. Es ist nicht mehr schwärmerisches Ziel im Sinne einer Aufhebung aller Naturnotwendigkeit, eines jeden Antagonismus von Mensch und Natur, sondern Horizont jedes möglichen menschlichen Handelns, transzendentales Konzept, allerdings im Sinne einer „inneren Transzendentalität", einer aus den allgemeinen Zügen der Wirklichkeit selbst abgeleiteten Tendenz. Damit vermeidet Marx gerade die Gefahr der transzendentalen Illusion.

Diese Auffassung vom Reich der Freiheit wirft nun aber – so Hinkelammert – unabweisbar die Frage nach der Legitimität einer Praxis auf, die diese Utopie als ihren letzten Horizont hat. Ist eine Praxis, deren tragendes Moment die Annäherung an ein innergeschichtlich nicht realisierbares Ziel ist, nicht eine ständige Überforderung? Wohlgemerkt: Es geht hier – darauf wurde bereits wiederholt hingewiesen – nicht um die Rechtfertigung der Ziele des Sozialismus, die einer solchen außerhalb ihrer selbst nicht bedürfen, sehr wohl aber um die Legitimität einer Praxis im Sinne dieser Ziele, die darum weiß, dass ihr tragender Horizont innergeschichtlich gar nicht realisierbar ist: „Wenn sich die utopische Praxis an nicht machbaren Zielen ausrichtet, worin besteht dann ihre Existenzberechtigung? [...] Die utopische Praxis hat tatsächlich in sich keine endgültige Legitimität. Sie ist die einzige legitime menschliche Praxis, kann sich aber nicht aus sich heraus legitimieren. Dafür müssten ihre Ziele machbar sein; es ist aber grundlegend für die Utopie, dass sie in ihrer Gesamtheit nicht machbar ist. Die utopische Praxis verliert ständig ihre Glaubwürdigkeit, wenn sie sich durch ihre eigenen Grundlagen legitimiert; so ist sie der Gefahr ausgesetzt, sich in einen Mythos zu verwandeln, der sich selbst untergräbt." (Hinkelammert 1985: 272–272)

> Die neue Erde ist machbar, weil man auf Gott vertrauen kann, der sie gewährleistet. Die Auferstehung ist hierbei der Angelpunkt. Sie gibt ein Bild von dem, was die neue Erde ist: Sie ist die reale und materielle Erde, aber ohne den Tod. Die Auferstehung ist der Beweis dafür, dass sich Gott für ihre Verwirklichung einsetzt. Die Transzendentalität der neuen Erde und ein sich für deren Verwirklichung einsetzender Gott sind nicht zwei voneinander getrennte Aussagen; die Auferstehung vereinigt sie zu einer einzigen. (Hinkelammert 1985: 298)

Die christliche Auferstehungshoffnung ist also die *praktische Behauptung Gottes* als den, der der menschlichen Utopie über die Grenzen des menschlich Machbaren hinaus Grund verleiht und sie nicht ins Leere laufen lässt. Die Antwort auf die innergeschichtlich nicht auflösbare Aporie dieser Praxis kommt von Gott selbst her, der in der Auferweckung Jesu die neue Erde antizipiert hat.

Die Bedeutung des Glaubens an die Auferstehung des Fleisches für eine befreiende Praxis hat Hinkelammert gerade im Zusammenhang der Fetischismusanalyse (siehe weiter oben S. 77 ff.) konkret durchgeführt. Die Grundperspektive, von der aus die bestehenden Verhältnisse in ihrem Fetischcharakter (und damit in ihrem widergöttlichen Charakter!) entlarvt werden, sind das menschliche Subjekt in seiner konkreten leiblichen Bedürftigkeit und die gegenseitige Anerkennung dieser Subjekte. Von daher interpretiert Hinkelammert etwa die paulinische Auferstehungstheologie als „Theologie des befreiten Leibes in solidarischer Gemeinschaft". Auferstehung des Leibes wird neutestamentlich und insbesondere bei Paulus als Kontinuität mit diesem konkreten leiblichen Leben ohne den Tod gedacht. Von dieser Theologie des befreiten Leibes her gelingt es Hinkelammert, die zentralen Begriffe der paulinischen Theologie im Zusammenhang stimmig zu deuten: Im Geist (*pneuma*) vollzieht sich die Antizipation des befreiten Leibes bereits im sterblichen Leib – allerdings nicht individualistisch verstanden, sondern als Antizipation der neuen Erde in der gegenseitigen Anerkennung der Subjekte in ihrer Leiblichkeit. Der Glaube ist die Bejahung der leiblichen Einheit der Menschen, der Subjekte in Gemeinschaft. Gott, der Jesus von den Toten auferweckt hat, und die neue Erde jenseits der menschlichen Machbarkeit sind die Bedingungen der Möglichkeit einer entsprechenden Praxis, einer Ethik des befreiten Leibes (Hinkelammert 1985: 171–182).

Basislektüre

Hinkelammert 1985; Hinkelammert 1994.

VI Ökotheologie der Befreiung als Fallbeispiel der Weiterentwicklung

Seit etwa Anfang der Neunzigerjahre lässt sich ein Prozess der Ausdifferenzierung innerhalb der Theologie der Befreiung beobachten. Selbstverständnis und Methode bleiben davon unberührt, doch man differenziert stärker hinsichtlich des *Subjektes* von Glaube, Praxis und Theologie. Dahinter steht die Einsicht, dass vielfältige Formen von Unterdrückung und Diskriminierung nicht mehr adäquat zur Sprache kommen, wenn man sie pauschal unter die Kategorie der (materiellen) Armut subsumiert. In diesem Sinne entwickelte sich etwa eine feministische Theologie der Befreiung oder auch eine indigene Theologie. Es würde in diesem Zusammenhang natürlich zu weit führen, diesen Prozess der Ausdifferenzierung in extenso darzustellen. Deshalb soll dies hier exemplarisch am Fallbeispiel der m. E. wichtigsten Weiterentwicklung der Befreiungstheologie geschehen, der Ökotheologie der Befreiung, wie sie vor allem Leonardo Boff ansatzweise ausformuliert hat. Anhand dieses Beispiels lässt sich auch zeigen, dass eine thematische Weiterentwicklung des befreiungstheologischen Ansatzes nichts von dessen Grundintentionen preisgibt. Dabei ist zu beachten, dass Boff keinen kohärenten, umfassenden theologischen Entwurf darbietet, sondern im Sinne einer Suchbewegung neue Denkwege erschließt.

Leonardo Boff kommt das nicht hoch genug zu veranschlagende Verdienst zu, relativ früh erkannt zu haben, dass global gesehen die *dringendste soziale Frage die ökologische Frage* ist. Das Wegbrechen unserer ökologischen Lebensgrundlagen im Zuge einer umfassenden Biosphärenkrise stellt allein von ihrem quantitativen Ausmaß her die größte Bedrohung der materiellen Existenz von Hunderten Millionen Menschen dar. Darüber hinaus bedeutet diese Biosphärenkrise die Gefahr der Auslöschung der Gattung Mensch und einer schwerwiegenden Schädigung der gesamten Biosphäre. Sie bildet deshalb das Negativvorzeichen jeglichen gesellschaftlichen Handelns. Alle anderen Dimensionen des menschlichen Lebens bedürfen des Kampfes um dessen unabdingbare natürliche Voraussetzungen. Eine Studie des Münchener Fraunhofer Instituts etwa macht darauf aufmerksam, dass die Erderwärmung, wenn ihr nicht durch entschiedene politische Maßnahmen Einhalt geboten wird, bis zum Jahr 2030 weltweit zu etwa 900 Millionen bis 1,8 Milliarden zusätzlicher, nicht verteilungsbedingter Hungertoter (aufgrund der Verschiebung von Vegetationszonen, der Ausbreitung von Trockenzonen, fehlenden Trinkwassers etc.) führen kann (zitiert bei Kern 2000: 364). Boff weist darüber hinaus darauf hin, dass sich der weltweite Gegensatz von Arm und Reich im unterschiedlichen Zugang zu ökologischen Ressourcen ausdrückt. Weniger als 20 % der Menschheit verbrauchen mehr als 80 % aller Ressourcen (Boff 2012: 191). *Die vorrangige Option für die Armen muss sich deshalb heute in erster Linie in einer vorrangigen Option für die Erhaltung der natürlichen Lebensgrundlagen ausdrücken.* Gesellschaftliche Verhältnisse, die vom Grundprinzip Solidarität getragen sind, haben nicht nur das Recht eines jeden Menschen auf das gleiche Maß an Nutzung der Natur innerhalb der Grenzen ihrer Tragfähigkeit zu garantieren (Konzept des „Umweltraumes" von Hans Opschoor), sondern die Solidarität mit den künftigen Generationen mit einzuschließen.

Analytisch zeigt Boff auf, dass der Massenverelendung in den Ländern der Peripherie und der Ausplünderung der ökologischen Ressourcen dieselbe Logik der Kapitalverwertung als Wurzel zugrunde liegt. Wenn die Dependenztheorie die Situation der Bevölkerungsmehrheiten in der Dritten Welt vor allem aus den Verwertungsbedingungen des Kapitals in den Ländern des Zentrums erklärt hat (siehe S. 54ff.), so macht Boff auf den dem global durchgesetzten Kapitalismus inhärenten Wachstumszwang aufmerksam, der der systematischen Ausplünderung der Natur zugrunde liegt. Der Konkurrenzmechanismus bedingt einen Produktivitätswettlauf zwischen den Einzelkapitalien, eine Kapitalakkumulation auf immer höherer Stufenleiter und eine immer energieintensivere, ressourcenverbrauchende Produktion. Bereits Helmut Gollwitzer hat darauf hingewiesen, dass die Forderung nach einer Begrenzung des Wachstums eine das kapitalistische System als solches aufhebende Forderung ist. Diese Analyse macht sich Boff zu eigen. Er macht darüber hinaus deutlich: Im Gegensatz zu früheren Phasen, in denen der Kapitalismus seine immanenten Krisen, die aus seiner Selbstwidersprüchlichkeit resultieren, immer wieder bewältigen konnte, indem er deren Folgen anderen aufbürdete, steht er nun vor einer absoluten, endgültigen Schranke: Die von außen gesetzte Grenze aufgrund der schwindenden Verfügbarkeit natürlicher Ressourcen und der abnehmenden Tragfähigkeit der Ökosysteme kann das kapitalistische System nicht mehr bewältigen. Es handelt sich schlicht um physikalische Grenzen. Bemerkenswert ist vor allem, dass Boff sich analytisch scharf gegen jede Illusion bloß technischer Bewältigungsstrategien wendet (vgl. vor allem Boff 2012: 185–191). Die Täuschungsstrategien eines sog. „grünen Kapitalismus", der vorgibt, man könne das Wirtschaftswachstum im Sinne des BIP vom Ressourcen- und Energiedurchsatz in genügendem Maße „entkoppeln", entlarvt er gründlich. Detailliert zeigt er auf, dass alle Effizienzstrategien dem Gesetz des abnehmenden Grenznutzens unterliegen und dass auch sog. erneuerbare Energien nur ein begrenztes Potenzial haben. Die Berechnung der Energierücklaufzeiten bestimmter Formen erneuerbarer Energien berücksichtige in der Regel nicht den gesamten Energieinput. Boff weist auf Georgescu-Roegens Unterscheidung von „machbaren" und „lebensfähigen" Energien hin. Lebensfähig wären nur solche Energieformen, die sich selbst reproduzieren können, das heißt, aus deren Energieoutput man auch die zyklische Erneuerung der Anlagen bestreiten könnte. Das zur Zeit erschlossene Potenzial an erneuerbaren Energien, das nur einen geringen Bruchteil des Gesamtenergieverbrauchs abdeckt (von dem Elektrizität nur etwa ein Fünftel ausmacht), verhielte sich aber parasitär zur noch vorhandenen fossilen Energiebasis, das heißt, die entsprechenden Anlagen wurden mithilfe jener fossilen Energieformen erzeugt, die uns in immer geringerem Maße zur Verfügung stünden. Boff formuliert seine fundamentale Kritik an einem „grünen" Kapitalismus nicht zuletzt als Kritik am Konzept der „nachhaltigen Entwicklung" (vgl. etwa Boff 2012: 196–202).

Daraus ergibt sich der Befund, dass eine künftige, solidarische und die Grenzen der Natur berücksichtigende Gesellschaft mit insgesamt wesentlich weniger Nettoenergie und mit wesentlich weniger natürlichen Ressourcen auskommen muss. Damit steht aber nicht nur das kapitalistische Produktionsverhältnis, sondern die Industriegesellschaft insgesamt zur Disposition. Die Suche nach neuen Formen des Produzierens und Konsumierens, die Suche nach einem „erfüllten Leben" (*bien vivir, sumak kawsay*), wie es vor allem alternative Bewegungen aus dem andinen Raum formuliert haben, wird jenseits des materiellen Wohlstands erfolgen, den uns die Industrialisierung gebracht hat. Sie war nur möglich auf der Grundlage der Ausbeutung von (vor allem fossilen) Ressourcen, die uns in immer geringerem Maße zur Verfügung stehen.

Boff leitet aus diesem analytischen Befund eine klare ökosozialistische Position ab: „Eine nachhaltige, die elementaren Lebensgrundlagen sichernde Wirtschaft darf jedoch nicht nur nicht wachsen, sondern sie muss schrumpfen mit dem Ziel, ein verträgliches Niveau des ‚steady state', das heißt eines stationären Gleichgewichts, zu erreichen. Natürlich ist dies mit der dem Kapitalismus eingeschriebenen Wachstumslogik nicht mehr zu vereinbaren. Die erforderliche ökonomische Abrüstung kann nur in bewusster Planung erfolgen. Was, wie und wie viel produziert wird, kann nicht länger dem Chaos partikulärer Profitinteressen überlassen bleiben, sondern muss – auf möglichst demokratische und partizipative Weise – bewusst organisiert werden." (Boff 2012: 191)

Doch ebenso wenig wie mit dem Kapitalismus ist eine nachhaltige Wirtschafts- und Lebensweise mit dem Industrialismus vereinbar. Boff macht darauf aufmerksam, dass die illusionären Wohlstandsversprechen eines grünen Kapitalismus den Chauvinismus der OECD-Länder widerspiegeln, die nicht bereit sind, ihren „way of life" aufzugeben, der sich aus einer unverhältnismäßigen Inanspruchnahme der Natur zu Lasten der armen Länder speist. Er macht deutlich, dass diese Wohlstandsversprechen nichts mit einer nüchternen Bestandsaufnahme der Realität zu tun haben, sondern lediglich ein Zugeständnis an die politische Durchsetzbarkeit in den reichen Ländern darstellen. Dagegen hält er fest: „Wer die Lebensgrundlagen weltweit sichern will, muss eine Ökonomie und Kultur des ‚Genug' anstreben. Er muss sich vom parasitären Charakter unseres Scheinwohlstands verabschieden: Jeremy Rifkin stellt klar, dass die Industriegesellschaft selbst und die damit verbundenen Lebensgewohnheiten auf dem Spiel stehen: ‚Diejenigen, die sich … von den Illusionen des industriellen Zeitalters nicht lösen können, … werden sich dagegen wehren, dass Großstadtleben, industrielle Produktionsweisen und der gesamte Komfort, der den sogenannten amerikanischen Traum genährt hat, im Widerspruch zum Solarzeitalter stehen sollen. Ökologen und Wirtschaftswissenschaftler … haben jedoch mehr als deutlich gemacht, dass wir uns der historischen Realität nicht länger entziehen dürfen, dass falsche Zukunftserwartungen ein überaus gefährliches Abenteuer bedeuten, vielleicht eine irreversible Katastrophe. Ganz gleich, welchen Weg wir auch einschlagen, der bevorstehende Wendepunkt wird uns Opfer und Verzicht nicht ersparen.'" (Boff 2012: 191)

Diese analytischen Einsichten verknüpfte Boff allerdings von vornherein mit einer Suche nach einer neuen Spiritualität, nach spirituellen Ressourcen, die uns angesichts dieser Situation noch befreiendes Handeln ermöglichen. Boff macht beharrlich darauf aufmerksam, dass nichts Geringeres als ein radikaler *Paradigmenwechsel* nottut, der das objektivierende, lediglich dem Nutzenkalkül verhaftete Naturverhältnis ablöst. Er will einen Anthropozentrismus überwinden, der den Eigenwert anderer Lebewesen und Seinsformen nicht gelten lässt und alles auf den Nutzen des Menschen allein bezieht. Befreiendes Handeln angesichts einer Krise, die unser Verhältnis zur unseren eigenen Lebensgrundlagen betrifft, ist allerdings nur möglich, wenn es getragen ist von Tendenzen und Sinnstrukturen, die im kosmischen Prozess selber angelegt sind. Boff knüpft hier an seine frühe Beschäftigung mit dem Naturwissenschaftler (Paläontologen) und Theologen Pierre Teilhard de Chardin an, der den christlichen Glauben mit einem evolutiven Weltbild versöhnte und zeigte, dass der Evolutionsprozess nicht einfach als Resultat von Zufallsmutationen und Selektion zu begreifen ist, sondern dass in ihm die Tendenzen zu zunehmender Bewusstwerdung, zunehmender Verinnerlichung, zunehmender Freiheits- und Gemeinschaftsfähigkeit angelegt sind. Die Sinnlinien dieses Evolutionsprozess konvergieren – wie bei Boff – in einem neuen planetarischen Bewusstsein und letztlich im – christlich gedeuteten – „Punkt Omega", dem Zielpunkt der Evolution, den Teilhard mit dem inkarnierten Christus selbst gleichsetzt (vgl. Boff 2013). Leonardo Boff macht sich diese Intuitionen zu eigen, weitet sie allerdings unter Einbezug der neuen Kosmologien, der Quantenphysik etc. aus. Er ordnet den Menschen nun in den großen Prozess der Entwicklung des Kosmos selbst ein und versteht ihn im Sinne des „starken anthropischen Prinzips" als denjenigen, in dem dieser kosmische Prozess zu sich selber kommt. Die Herauslösung des Menschen aus diesem kosmischen Prozess, aus der Gemeinschaft von Sein und Leben insgesamt, durchschaut Boff als „Kosmologie der Herrschaft", die es im Sinne befreienden und lebenfördernden Handelns zu überwinden gilt. Boff stellt heraus, dass dem heutigen Naturverhältnis eine bestimmte Weltsicht, eine Kosmologie der Herrschaft, zugrunde liegt, die sich ausgehend vom Okzident weltweit durchgesetzt hat und unser Handeln bestimmt. Innerhalb eines als deterministisch gedachten Universums muss befreiendes Handeln jedoch letztlich scheitern. Diese Kosmologie der Herrschaft charakterisiert er folgendermaßen:

1. Es gibt eine objektive Wirklichkeit, die außerhalb unseres Verstandes existiert. Andere Menschen haben ebenfalls ihr eigenes, einzigartiges Bewusstseinszentrum.
2. Geist und Materie, und damit auch Geist und Körper sind voneinander verschiedene Größen. Das Universum setzt sich aus Materie zusammen, das heißt aus einer toten, leblosen Substanz, die wiederum aus winzigen, im Normalfall unsichtbaren Atomen und noch kleineren, unveränderlichen Elementarteilchen besteht.
3. Alle wahren Erscheinungen können durch die Sinne wahrgenommen werden, die zusätzlich durch Instrumente unterstützt werden. Alles, was nicht auf diese Weise wahrgenommen werden kann – vielleicht mit Ausnahme des Geistes selbst –, wird als Illusion oder bestenfalls als subjektiv betrachtet. Geist und Seele werden deshalb pauschal abgetan, ignoriert oder in den Bereich des Persönlichen und Emotionalen abgedrängt. Die wirkliche Welt wird auf die Welt der Materie reduziert, und diese Welt kann gemessen und quantifiziert werden. In Galileos Welt „ist das Buch der Natur in der Sprache der Mathematik geschrieben".
4. Die bevorzugte Denkweise ist ihrem Wesen nach diskursiv und analytisch, das heißt, sie ist eine Annäherungsweise, die in Kategorien einteilt, in Stücke teilt und dann beschreibt. Die Wirklichkeit wird am genauesten durch strenge, objektive Beobachtung und die Anwendung der Logik erforscht. Je mehr Distanz der Beobachter hat, umso genauer fällt seine Beobachtung aus.
5. Natur und Kosmos werden mechanistisch verstanden. Das Universum gleicht einem riesigen Uhrwerk, beispielhaft sichtbar in der Bewegung der Planeten und Sterne.
6. Da das Wesen der Wirklichkeit mechanistisch ist, können wir eine vollständige Kenntnis des Ganzen dadurch erlangen, dass wir es in seine Teile zerlegen bzw. es darauf reduzieren und einen Teil nach dem anderen erforschen. (Dieser Ansatz wird oft als „Reduktionismus" bezeichnet).
7. Es gibt keinen Sinn der Natur oder des Kosmos. Es gibt allerdings festgelegte, ewige Gesetze, die alles zu jeder Zeit beherrscht haben. Bei den gleichen Anfangsbedingungen wird ein Experiment deshalb immer dasselbe Ergebnis hervorbringen.

8. Die Zeit bewegt sich in Form einer geraden Linie vorwärts, was zu stets vorhersagbaren Wirkungen führt. Jede Wirkung hat eine bestimmte Ursache oder ein Bündel von Ursachen, und Kausalität geht immer nur in eine Richtung.
9. Der Kosmos ist von seinem Wesen her auf der Grundlage von mechanischen Ursachen determiniert. Wenn jemand in der Lage wäre, eine umfassende Kenntnis des gegenwärtigen Zustandes aller Materie zu erlangen, dann wäre es möglich, die Zukunft mit Gewissheit vorherzusagen. Ein echtes Novum, ein unableitbar Neues, ist grundsätzlich unmöglich.
10. Das Universum ist ewig und in seinem Wesen unveränderlich, was seine stets gleichbleibenden Gesetze beweisen. In seiner Großstruktur verändert sich das Universum im Lauf der Zeit nicht. Die Evolution auf der Erde wird als vereinzelte Anomalie begriffen, sie entspricht nicht der Norm des Kosmos insgesamt.
11. Alles Leben auf Erden ist in einen endlosen Konkurrenzkampf ums Überleben verstrickt. Die Evolution wird durch Herrschaft und das „Überleben der am besten Angepassten" vorangetrieben. Veränderung wird – wenn sie überhaupt stattfindet, und auch dann nur innerhalb der von der Determiniertheit festgelegten Grenzen – durch Konkurrenz oder sogar Gewalt bewirkt. (vgl. Hathaway/Boff 2009: 141–143).

Dieser Weltsicht, die mit der rücksichtslosen ökologischen Ausbeutung der Natur, mit einem „monokulturellen Denken", mit Patriarchat und ökonomischem Nutzenkalkül korrespondiert, setzt Boff im Rückgriff auf neue Kosmologien – vor allem in seinem grundlegenden, in den USA preisgekrönten Gemeinschaftswerk mit Marc Hathaway – eine „Kosmovision der Befreiung" entgegen, die in der Lage ist, dem Einsatz für die Erhaltung des Lebens eine tragfähige Grundlage zu geben:

Eine neue Kosmologie, die sich im Lauf des letzten Jahrhunderts entwickelt hat, ähnelt in vieler Hinsicht den in den alten Mythen zum Ausdruck kommenden Kosmologien, die den Menschen in die umfassendere Gemeinschaft des Lebens insgesamt integrieren. Anstelle eines fragmentierten, Maschinen-artigen Universums, das sich aus toten, miteinander nicht verbundenen Dingen zusammensetzt, legen die neue Kosmologie und die Quantenphysik nahe, dass wir es grundlegend mit einer Wirklichkeit dynamischer Beziehungen zu tun haben, innerhalb derer Raum, Zeit, Energie, Materie und Geist Teil eines größeren Zusammenhanges sind. Atome werden nicht mehr als „Teilchen" aufgefasst, sondern eher als Strudel von tanzenden Wellenbewegungen. Selbst der leere Raum erscheint als dynamische „schwangere Leere" voller Potenzialitäten. Geist und Bewusstsein gehen aus dem kosmischen Prozess selbst hervor und sind in seine Grundstruktur eingewirkt, die wie ein riesiges, dynamisches Hologramm erscheint. Die neue Physik und Kosmologie legen uns nahe, uns von einem völlig vorhersagbaren Universum zu verabschieden und den Kosmos vielmehr als eine komplexe, relationale und kreative Wirklichkeit sehen zu lernen, die voller Paradoxe und Überraschungen ist und den Raum für das Unvorhersehbare, Unerwartete öffnet. Erst eine solche Sicht des Kosmos befreit uns zu veränderndem Handeln. Die Systemtheorie lässt uns erkennen, dass das Ganze mehr ist als seine Teile. In ihrer Sichtweise erscheint der Kosmos eher als ein Organismus denn als Maschine, als ein lebendiges System, das sich wiederum aus sich selbst organisierenden, evolvierenden lebendigen Systemen zusammensetzt. Ja, der Kosmos als ganzer kann als ein sich selbst organisierendes System betrachtet werden. Innerhalb einer solchen Wirklichkeit ist das Verhältnis von Ursache und Wirkung komplexer, als es in einem linearen Modell von Kausalität gedacht werden kann. Es geht um Koevolution in gegenseitiger Abhängigkeit, die Sprünge zu Zuständen eines neuen Gleichgewichts zulässt. Eine solche Sichtweise eröffnet einem befreienden Handeln ein neues Hoffnungspotenzial.

Die Theorie der morphischen Felder (Rupert Sheldrake) legt nahe, dass das Gedächtnis selbst in irgendeiner Weise dem Kosmos eingeschrieben ist. Daraus kann der Schluss abgeleitet werden, dass wir es nicht mit statischen, ewigen Gesetzen zu tun haben, sondern eher mit sich entwickelnden „Gewohnheiten". Einige dieser Gewohnheiten, die wir traditionell als physikalische Gesetze betrachten, mögen in der Tat so stabil sein, dass eine signifikante Änderung als extrem unwahrscheinlich erscheint. Andere, die etwa die lebendigen Spezies oder Gesellschaftsstrukturen betreffen, mögen als schwer veränderbar erscheinen, aber gerade in Zeiten von Krisen das Potenzial sehr rascher Veränderung offenbaren. Das Phänomen der „punktierten", sich in Sprüngen vollziehenden Evolution ist ein Beispiel dieser Art von Wandel. Die Effektivität gesellschaftsverändernden Handelns kann im Sinne der Theorie morphischer Felder viel höher veranschlagt werden, als es den Anschein hat. Eine neue gesellschaftliche Praxis mit einer vordergründig nur geringen Reichweite kann im Sinne der „morphischen Resonanz" die Entwicklung neuer Seins- und Verhaltensweisen insgesamt erleichtern.

Auch auf der Erde selbst stellt sich die Evolution des Lebens eher als ein kooperativer Prozess dar. Unser Planet insgesamt weist Dynamiken der Selbstregulierung und Selbstorganisation sowie Phänomene eines kooperativen Altruismus auf. Das heißt, viele Verhaltens- und Erscheinungsweisen sind schwer im Sinne der Selbsterhaltung des Individuums oder einer Spezies zu interpretieren und erscheinen erst dann als sinnvoll, wenn man sie auf andere Seinsweisen hin deutet. Die Erde mag in vieler Hinsicht als ein lebendiger Organismus erscheinen, der fähig ist, sich im Sinne der besten Bedingungen für die Erhaltung des Lebens selbst zu regulieren (Gaia-Hypothese, wie sie etwa James Lovelock entwickelt hat). Vor allem aber offenbart die Evolution des Kosmos als ganzen und der Erde im Besonderen einen allem zugrunde liegenden Sinn, eine Richtung hin zu größerer Vielfalt, Gemeinschaft und Interiorität. Wir Menschen können uns als Teil dieses kosmischen Prozesses und insbesondere der Erde begreifen. Wir befinden uns nicht einfach auf der Erde wie auf einer neutralen Bühne, wir *sind Erde*, die denkt, fühlt und Ehrfurcht empfindet. Und als Wesen, in denen der kosmische Prozess zu sich selbst gekommen ist, kommt uns eine besondere Verantwortung dem Leben und allen Seinsformen gegenüber zu, welche zusammen die große Gemeinschaft bilden, der wir als Glied angehören. In diesem Sinne haben wir die Kleinlichkeit unseres Eigeninteresses zu überwinden und Empathievermögen für alles Sein zu entwickeln. Religiöse Traditionen können dabei eine wichtige Rolle spielen. Insbesondere das christliche, trinitarische Gottesbild, das Gott selbst in sich als Gemeinschaft begreift, bietet hier hilfreiche Anknüpfungspunkte (vgl. vor allem Hathaway/Boff 2009: passim; bes. Kap. 12).

Befreiung wird hier also innerhalb einer kosmischen Perspektive als der Prozess aufgefasst, im Verlauf dessen das Universum selbst sein Potenzial im Sinne einer je höheren Ausdifferenzierung, Verinnerlichung (Interiorisation und Selbstorganisation) und Gemeinschaft entfaltet. Damit erhält das Engagement für gesellschaftliche Befreiung, das – nicht zuletzt im Sinne von Röm 8 – ein neues Verhältnis zur außermenschlichen Kreatur mit einschließt, erst seine tragfähige

Grundlage und seinen Hoffnungshorizont jenseits aller berechtigten Verzweiflung.

Auch wenn viele Aspekte dieser Ökotheologie der Befreiung noch nicht ausgearbeitet genug, methodisch unzulänglich sein mögen und manchmal eher in denkerische Sackgassen zu führen scheinen – Leonardo Boff hat als einer der Ersten die Dimension erkannt, um die es geht, und gezeigt, dass dieser Kampf um Befreiung nur dann nicht ins Leere mündet, wenn er mit den Sinnstrukturen selbst korrespondiert, die im Kosmos erkennbar sind.

Exkurs

Anthropozentrik und Anthropozentrismus

Bei den Versuchen der letzten Jahrzehnte, die ökologische Problematik theologisch oder ethisch aufzuarbeiten und zu integrieren, nahm der Streit um den „Anthropozentrismus" stets eine prominente Stelle ein. In Deutschland können für diese Auseinandersetzung paradigmatisch der reformierte systematische Theologe Jürgen Moltmann einerseits und der katholische Sozialethiker Alfons Auer andererseits stehen. Moltmann plädiert in seinem Buch *Gott in der Schöpfung* leidenschaftlich für eine Korrektur des Anthropozentrismus, wie er sich in der Moderne entwickelt hat, zugunsten eines biblischen „kosmologischen Theozentrismus". Alfons Auer hingegen hält daran fest, dass die Theologie ihre grundsätzliche „anthropozentrische Position" aufrecht erhalten müsse. Nur im Menschen komme ja die Natur zu sich, nur in ihm erfülle sich ihr Sinn. Gerade die Sonderstellung des Menschen begründe seine ethische Verantwortung für die außermenschliche Kreatur. Allerdings wendet sich auch Auer gegen die „radikale Anthropozentrik" in der Form, wie sie bei René Descartes sichtbar wird. Er selbst spricht im Gegensatz dazu von einer „wohlverstandenen Anthropozentrik", derzufolge die Sonderstellung des Menschen keineswegs von dessen wesenhaften Einbettung in die Naturzusammenhänge abstrahiere. (vgl. Moltmann ²1985; Auer ²1985).

Auch innerhalb der Befreiungstheologie selbst findet diese Auseinandersetzung ihren Widerhall. Leonardo Boff formuliert an vielen Stellen eine sehr radikale Kritik am Anthropozentrismus und bedient sich oftmals philosophisch problematischer Redeweisen, wie etwa der von der Erde als Subjekt von Rechten etc. (vgl. Boff 2012: 43–50).

Ein anderer Befreiungstheologe, der sich ebenfalls sehr intensiv mit Fragen der Ökologie beschäftigt, nämlich Franz J. Hinkelammert, hat in Auseinandersetzung mit Eugen Drewermann zur Begriffsklärung beizutragen versucht. Er knüpft an eine Aussage Drewermanns in dessen Buch *Der tödliche Fortschritt* an: Hier spricht Drewermann von einem „schrankenlosen *Anthropozentrismus*, der nur den Menschen kennt und kennen will, ohne zu bedenken, dass der Mensch selbst verstümmelt wird, wenn man von Grund auf die vorgegebenen Beziehungen zu Herkunft und Ursprung des Menschen methodisch und praktisch verleugnet“ (Drewermann 1981: 62). Hinkelammert macht auf einen bemerkenswerten Widerspruch aufmerksam, der in dieser Aussage enthalten ist und Drewermanns Argumentation insgesamt durchzieht: Der Anthropozentrismus wird hier mit einem anthropozentrischen Argument zurückgewiesen! Drewermann führt ja an, dass sich der Mensch durch den Anthropozentrismus selbst verstümmeln würde. Das heißt, um des Menschen selbst willen darf der Mensch nicht anthropozentrisch sein. Als Feind der Natur wird er zu seinem eigenen Feind. Nur wenn er das ausschließliche Nutzenkalkül aufgibt, kann sich der Mensch in seiner Würde erst selbst verwirklichen. Dazu Hinkelammert: „Ich zweifle nicht an der Wahrheit dieser Aussage, und ich zweifle ebenso wenig daran, dass dies ein anthropozentrischer Standpunkt ist. Nennen wir ihn den humanistischen Anthropozentrismus. Er steht im Gegensatz zu jenem anderen, dem Anthropozentrismus des kalkulierbaren Nutzens, dem dogmatischen Anthropozentrismus. Wenn Drewermann von Anthropozentrismus spricht, meint er immer den dogmatischen.“ (Hinkelammert 1989: 145). Die fehlende Unterscheidung zwischen den verschiedenen anthropozentrischen Positionen führe zu ständiger Verwirrung. Hinkelammert bemängelt darüber hinaus ein fehlendes methodisches Problembewusstsein: Die menschliche Vernunft sei schlicht einer Erkenntnis unabhängig vom Standpunkt des Menschen nicht fähig, nicht anthropozentrisches Denken sei schlechterdings unmöglich. „Tatsächlich kann der Mensch gar nicht denken, ohne vom Standpunkt des Menschen aus zu denken. Sein Denken ist subjektiv.“ (Hinkelammert 1989: 146). Darüber hinaus wäre – auch gegen Leonardo Boff – anzumerken, dass gerade das Formulieren ethischer Ansprüche an den Menschen denselben als ethisches Subjekt – und damit aber auch einen humanistischen Anthropozentrismus im Sinne Hinkelammerts – voraussetzt.

Der Streit in dieser Frage ist allerdings nicht überzubewerten. Die gemäßigteren Positionen Auers oder Hinkelammerts als Minimalkonsens bieten durchaus ein ausreichendes und tragfähiges Fundament zur Begründung einer ökologischen Ethik.

Kritik

Leonardo Boff kommt unter anderem das Verdienst zu, naturwissenschaftliche Hypothesen ernst zu nehmen, die im Verhältnis zum etablierten Wissenschaftsbetrieb als heterodox gelten. Denkt man im Sinne Thomas Kuhns daran, auf welche Weise sich ein Paradigmenwechsel grundsätzlich vollzieht, ist das nicht nur legitim, sondern ein entscheidender zukunftsweisender Beitrag. Allerdings ist damit unübersehbar die Gefahr verbunden, allzu vorschnell diskussionswürdige Hypothesen als Ergebnisse zu rezipieren, sofern sie das Postulat einer neune Kosmologie unterstützen. Boff hält manchmal auch die notwendige Begriffsschärfe nicht durch. So diskutiert er etwa die Gaia-Theorie und ihre unterschiedlichen Deutungen einerseits sehr differenziert (vgl. Boff 2012,30–43), lässt jedoch bei anderen Gelegenheiten die begriffliche Trennschärfe wiederum vermissen. Es ist nicht immer klar, ob er die Gaia-Theorie im Sinne James Lovelocks rezipiert, der die Erde als sich selbst regulierendes System beschreibt, oder ob er einen „beseelten Organismus“ meint. Boffs Anliegen ist es, für den ungeheuren zivilisatorischen Wandel, der der Menschheit bevorsteht, will sie die ökologische Krise bewältigen, das Potenzial der Religionen und spirituelle Ressourcen insgesamt zu mobilisieren. Allerdings fehlt oftmals die für die Befreiungstheologie von Anfang an so bedeutsame klare Unterscheidung zwischen einer ethischen Begründung, die intersubjektiv vermittelbar sein muss und sich daher nicht kurzschlüssig auf religiöse Sondertraditionen berufen darf, und der Letztmotivation des Handelns auf existenzieller Ebene. Eine stärkere Berücksichtigung der „autonomen Moral“ wäre in diesem Zusammenhang hilfreich und durchaus mit Boffs Grundanliegen vereinbar.

Basislektüre

Boff 2012; Hathaway/Boff 2009.

BefreiungstheologInnen im Kurzporträt

Rubem A. Alves

Rubem Alves ist einer der bedeutendsten evangelischen (reformierten) Befreiungstheologen. Er ist 1933 in Brasilien geboren und studierte zunächst am Presbyterianischen Seminar in Campinas, Brasilien. Zum Dr. theol. wurde er in Princeton, USA, promoviert. Seine Doktorarbeit trug ursprünglich den Titel *Towards a Theology of Liberation*. Der Titel wurde vom Verlag abgeändert in *A Theology of Human Hope*. Er trifft darin die fundamentale Unterscheidung zwischen einem „humanistischen Messianismus“ (mit dem vor allem der Marxismus gemeint ist) und einem „messianischen Humanismus“, der sich nicht allein auf menschliches Handeln gründet, sondern auf die göttliche Gnade hoffen darf und gerade dadurch der Gefahr begegnet, dass ein politisches Projekt totalitär wird. Die Entstehung eines neuen Begriffs vom Menschen umfasst die drei Momente der Entstehung eines neuen Bewusstseins, einer neuen Sprache und einer neuen Gemeinschaft. Alves formuliert seine Theologie in origineller Weise als „Sprachkritik“. Sie betrifft zunächst die Sprache des Technizismus, die jegliche Negation austilgt, sich gegen die Hoffnung verschließt und damit das Handeln domestiziert. Sprachkritisch analysiert er aber auch die herrschenden Theologien (Barth, Bultmann, Moltmann etc.), die ihm zufolge allesamt das Verhältnis von menschlicher Geschichte und Eschatologie nicht angemessen zu denken erlauben und dem historischen Leidensweg der Befreiung des Menschen nicht gerecht werden. Alves ist nicht nur Theologe, sondern auch Philosoph und Psychoanalytiker. Die poetische Dimension seiner Glaubensreflexion bezeugt unter anderem sein Meditationsbuch *Ich glaube an die Auferstehung des Leibes*.

Hugo Assmann

Der gebürtige Brasilianer Assmann (1933–2008) gehört zu den Gründervätern der Befreiungstheologie. Er gehörte (zusammen mit Leonardo Boff) zu jener Gruppe von in Europa studierenden Brasilianern, die einen Gesprächszusammenhang miteinander etablierten, um eine der lateinamerikanischen Realität gerecht werdende Theologie zu prägen, für die sie bald den Ausdruck „Theologie der Befreiung" fanden. Assmann war Theologe, Philosoph und Sozialwissenschaftler. Er studierte unter anderem an der Gregoriana in Rom und Frankfurt a. M. Von seinem Priesteramt ließ er sich entpflichten, um zu heiraten. In seinem grundlegenden Werk *Teología desde la praxis de la liberación* ist unter anderem die Auseinandersetzung mit der europäischen Politischen Theologie (vor allem mit Jürgen Moltmann und Johann Baptist Metz) bedeutsam. Er arbeitet hier deutlich die Unterschiede heraus: den methodisch ersten Schritt der sozialanalytischen Vermittlung, der innerhalb der europäische Theologie völlig wegfällt, und die theologisch differenzierte Sichtweise der Funktion des „eschatologischen Vorbehalts". Assmann galt lange Zeit als der politisch radikalste Befreiungstheologe. Während der Militärdiktatur musste Assmann aus Brasilien flüchten, war zunächst in Chile und dann in Costa Rica tätig. Unter anderem auf seine Initiative geht die Gründung des DEI (Departimiento Ecuménico de Investigaciones) zurück, eines Instituts, an dem interdisziplinär im Sinne der Befreiungstheologie gearbeitet wird und das zu einer wichtigen „Denkfabrik" der Befreiungstheologie wurde. Unter anderem gehören ihm Franz Hinkelammert und Pablo Richard an. Ein weiteres wichtiges Werk Assmanns ist das zusammen mit Franz Hinkelammert geschriebene Buch *Götze Markt*, in dem auf der Grundlage der Marx'schen Fetischismusanalyse eine befreiungstheologische Gotteslehre entworfen wird. In seinen letzten aktiven Jahren hat Assmann einen interessanten Dialog zwischen der Befreiungstheologie und René Girards Mimesistheorie der Gewalt initiiert.

Clodovis Boff

Der jüngere Bruder des bekannteren Befreiungstheologen Leonardo Boff ist 1944 in Concórdia geboren und gehört dem Servitenorden an. Er promovierte in Löwen zum Dr. theol. mit der Arbeit *Theologie und Praxis*, mit der er den Anspruch erhebt, die wissenschaftstheoretischen Grundlagen der Theologie der Befreiung zu legen. Allerdings nimmt er damit eine Außenseiterposition ein und teilt in grundlegenden Fragen nicht den breiten Konsens der Befreiungstheologie. So bezeichnet er in seiner Systematik die Theologie der Befreiung ausdrücklich als Genitivtheologie eines bestimmten Wirklichkeitsbereiches („Theologie des Politischen", Ebene T 2), den er von der Ebene der eigentlichen fundamentaltheologischen Reflexion (Ebene T =) und der Reflexion der positiven Glaubensinhalte (Dogmatik, Ebene T 1) scharf trennt. Damit gelangt er zu erkenntnistheoretisch problematischen Positionen. Eigenwillig ist auch seine Marxismusrezeption. Er folgt hier dem Marxismusverständnis von Luis Althusser, der unter dem Eindruck des Strukturalismus nur einen relativ kleinen Teil des Marx'schen Gesamtwerkes als „wissenschaftlich" gelten lässt. (Vgl. dazu vor allem Kern 1992: 294–311). In den letzten Jahren kam es zur offenen Auseinandersetzung mit dem Großteil der anderen Befreiungstheologen, unter anderem mit seinem Bruder Leonardo, in deren Zentrum die Frage nach dem theologischen Ort der Armen stand (vgl. dazu unter anderem: Die Armen in der Theologie: 2008). Die lebhafte Auseinandersetzung um C. Boffs Position hat allerdings m. E. kaum gesehen, dass C. Boff hier keine konservative Kehrtwende vollzogen hat, sondern dass seine Haltung konsequent aus den bereits in *Theologie und Praxis* formulierten Grundpositionen hervorgeht. C. Boff lehrte in Petrópolis, Rio de Janeiro, Rom und Curitiba. Sein praktisches Engagement und seine beratende Begleitung von Volksbewegungen im Sinne der Befreiungstheologie bleiben unabhängig von seinen problematischen theoretischen Positionen anerkennenswert. Die Reflexion dieses konkreten praktischen Engagements, wie sie sich in einigen Veröffentlichungen niederschlägt, ist ohne Zweifel ein bedeutender und origineller Beitrag zu einer authentischen Befreiungstheologie.

Leonardo Boff

Der 1938 in Concórdia geborene Leonardo Boff gehört zu den weltweit bekanntesten Befreiungstheologen und auch zu ihren Begründern. L. Boff trat in den Franziskanerorden ein und studierte Philosophie und Theologie in Curitiba, Petrópolis und München, wo er auch zum Dr. theol. promoviert wurde. Zu zentralen dogmatischen Themen hat Boff wichtige und originelle Beiträge geliefert, so zur Christologie, zur Trinitätstheologie, zur Ekklesiologie etc. Boff erweist sich dabei stets als ein unkonventioneller theologischer Denker, der durch seine Thesen oftmals riskiert, methodisch angreifbar zu werden. Aufgrund seiner kritischen ekklesiologischen Schrift *Kirche: Charisma und*

Macht verhängte die Glaubenskongregation über Boff ein einjähriges Bußschweigen als Disziplinarmaßnahme. Auch danach wurde vonseiten Roms zunehmend Druck ausgeübt, woraufhin Boff den Franziskanerorden verließ und sein Priesteramt aufgab. Danach hatte er in Rio de Janeiro einen Lehrstuhl für Ethik und Spiritualität inne. L. Boff ist in mancher Hinsicht Pionier gewesen. Sein wahrscheinlich wichtigster Beitrag ist, dass er schon relativ früh die Bedrohung unserer Lebensgrundlagen als grundlegende befreiungstheologische Herausforderung erkannte und in der Folge eine Ökotheologie der Befreiung (vgl. S. 105ff.) entwickelte. Zusammen mit Michail Gorbatschow gehört Boff zu den Redakteuren der inzwischen von der UNESCO angenommenen „Erdcharta", die den Anspruch erhebt, die Menschenrechtscharta angesichts der ökologischen Bedrohung weiterzuentwickeln. In den letzten Jahren ist Boff neben seiner im engeren Sinne theologischen Arbeit vor allem als spiritueller Schriftsteller in Erscheinung getreten. Für sein Menschenrechtsengagement erhielt Boff im Jahr 2001 den Alternativen Nobelpreis. (zu Boffs Biografie vgl. ausführlich Goldstein 1994).

Fernando Castillo

Er ist 1943 in Santiago de Chile geboren und hat in Santiago, Sussex und Münster (bei Johann Baptist Metz) Soziologie und Theologie studiert. Von Bedeutung sind vor allem seine Reflexionen über die veränderte Situation der Befreiungstheologie angesichts der veränderten politischen und kirchlichen Rahmenbedingungen sowie die neue Frage nach dem Subjekt der Befreiungstheologie.

José Comblin

Der 1923 in Brüssel geborene Theologe verstarb im Jahr 2011. Nach seiner Promotion in Löwen und pastoraler Tätigkeit ging er nach Lateinamerika, wo er seit 1958 an verschiedenen Universitäten lehrte. Von Anfang an war er an der Suche nach einer Theologie beteiligt, die der lateinamerikanischen Situation gerecht wird. So arbeitete er intensiv zur sog. „Theologie der Entwicklung" und publizierte über eine „Theologie der Revolution", bis er sich schließlich dem Konzept einer Theologie der Befreiung anschloss und wichtige Beiträge zu dessen Fortentwicklung leistete. Er arbeitete an der Seite Dom Hélder Câmaras, bis er von der brasilianischen Militärregierung im Jahr

1970 aus dem Land gejagt wurde und nach Chile ging. Dort ereilte ihn 1980 dasselbe Schicksal. Als persönlich von den Militärdiktaturen Verfolgter schrieb er äußerst luzide Analysen zur sogenannten „Doktrin der nationalen Sicherheit". Comblin erlangte zuletzt vor allem Bedeutung in der – stark an Ivan Illich und Paulo Freire orientierten – Bildungsarbeit für Basisgemeindeleiter und pastorale Mitarbeiter. Er ist auch der Initiator der sogenannten „Theologie der Hacke" („Teologia da enxada), eines alternativen Ausbildungskonzeptes für Theologen und Priesteramtskandidaten. Die Studierenden nehmen an Leben und Arbeit der ortsansässigen Bevölkerung teil, verdienen sich etwa im Nordosten Brasiliens ihren Lebensunterhalt im Zuckerrohranbau, und die theologische Ausbildung wird als die denkerische Durchdringung genau dieser Lebensrealität gestaltet. Neben seinen zahlreichen Beiträgen in der Zeitschrift *Concilium* erschien Comblins Pneumatologie auch auf Deutsch (Comblin 1991) (zu Comblin vgl. Susin/Sobrino 2011).

Enrique Dussel

Der 1934 in Mendoza (Argentinien) geborene Enrique Dussel promovierte aus Philosophie (Madrid) und Geschichtswissenschaften (Paris, Sorbonne) und erwarb ein Lizentiat aus Theologie in Paris. Er lehrte zunächst Philosophie an der Universität Mendoza, bis er 1974 wegen seines politischen Engagements seine Lehrerlaubnis verlor. Heute lebt er in Mexiko und arbeitet als Universitätsprofessor für Ethik, Theologiegeschichte und lateinamerikanische Kirchengeschichte. Dussel arbeitet seit einigen Jahrzehnten an einer auf zehn Bände angelegten lateinamerikanischen Kirchengeschichte im Sinne einer Relektüre von den Armen aus. Seine Theologie und Philosophie der Befreiung sind stark inspiriert von Emmanuel Levinas und dessen Versuch, Andersheit zu denken. Die zentralen Kategorien in Dussels Theologie sind das Gegensatzpaar „herrschende Totalität – Exteriorität gegenüber dem System". Von da her entwickelt Dussel auch einen originellen Offenbarungsbegriff (vgl. dazu Kern 1992: 195–199). Dussel entwarf darüber hinaus eine Philosophie und Ethik der Befreiung. Er führte unter anderem eine sehr bedeutsame grundsätzliche Auseinandersetzung mit der Diskursethik von K.O. Apel und J. Habermas (vgl. Fornet-Betancourt 1992). Dussel hat sich auch intensiv mit dem Werk von Karl Marx beschäftigt und dazu grundlegende Interpretationen vorgelegt, unter anderem zu Marx' Religionskritik (eine Einführung zu Dussel bietet Peter 1997).

Ignacio Ellacuría

Der 1930 im Baskenland geborene Jesuit Ellacuría war einer der sechs Jesuiten, die 1989 zusammen mit zwei Hausangestellten von regierungstreuen Todesschwadronen in El Salvador ermordet wurden. Ellacuría studierte Theologie in Innsbruck und promovierte in Philosophie mit einer Arbeit über den spanischen Philosophen Xavier Zubiri, von dem sein eigenes Denken stark geprägt ist. Ellacuría war zum Zeitpunkt seines Märtyrertodes Rektor der UCA, der katholischen Universität in San Salvador. In den Geheimdokumenten der amerikanischen Militärs von Mar del Plata (siehe oben S. 24f.) wird er unter anderem namentlich als Vertreter eines als Theologie getarnten Marxismus erwähnt, was rückblickend wie ein Aufruf zu seiner Ermordung erscheint. Theologisch zentral ist seine Kategorie des „gekreuzigten Volkes" (siehe oben S. 93f.). Sein jesuitischer Mitbruder und Freund Jon Sobrino (siehe S. 128), mit dem er zusammen auch das zweibändige Standardwerk *Mysterium Liberationis* herausgegeben hat, will mit seiner Theologie bewusst das Denken Ellacurías weiterführen.

Segundo Galilea

Der 1928 In Santiago de Chile geborene Galilea verstarb 2010. Er hat insbesondere auf zwei Gebieten zur Befreiungstheologie beigetragen: Auf dem Gebiet der Pastoral forschte er über die Ambivalenz der lateinamerikanischen Volksreligiosität, die sowohl befreiende als auch der Befreiung entgegenstehende Elemente enthält. Galilea plädierte dafür, von einer Pastoral der „Vermittlung" zu einer Pastoral des „Engagements" zu gelangen. Und auf dem Gebiet der Spiritualität ging es Galilea vor allem um das Verhältnis von Kontemplation und politischem Engagement.

Ivone Gebara

Gebara ist 1944 in São Paulo geboren, wurde dort zur Dr. phil. promoviert und gehört dem Orden der Schwestern Unserer Lieben Frau an. Sie vertritt eine ökofeministische Theologie der Befreiung, die stark von ihrer Arbeit in den Favelas geprägt ist. Sie kritisiert eine androzentrische und anthropozentrische Weltsicht und entwirft das Konzept einer ganzheitlichen Ökologie. Gebara ist auch stark in der – für Brasilien sehr bedeutsamen – Bewegung für Solidarische Ökonomie engagiert, die alternative ökonomische Ansätze von der Basis her propagiert. Als Gebara für mehr Verständnis und Toleranz gegenüber armen Frauen warb, die einen Schwangerschaftsabbruch durchführen lassen, wurde sie vom Vatikan zu einem zweijährigen Bußschweigen verurteilt und zur theologischen „Umerziehung" nach Frankreich beordert. Gebara zeigt in ihren Analysen den Zusammenhang zwischen der Ausgrenzung der Armen, der Zerstörung der Lebensgrundlagen und der patriarchalischen Unterdrückung auf.

Gustavo Gutiérrez

Der 1928 in Lima geborene Gutiérrez gilt zu Recht als der „Vater der Befreiungstheologie". Gutiérrez studierte unter anderem Psychologie (Lizentiat in Löwen), Philosophie (Baccalaureat in Löwen) und Theologie (Lizentiat in Lyon; die Universität Lyon verlieh ihm im Jahr 1986 auch den Grad eines Dr. theol. für sein Gesamtwerk). Gutiérrez arbeitete in Peru zunächst als Berater der UNEC (nationale Vereinigung der katholischen Studenten) und als Professor für Theologie und Sozialwissenschaften an der päpstlichen katholischen Universität von Lima. Sein grundlegendes Werk *Theologie der Befreiung*, das er zu Anfang der Siebzigerjahre vorlegte, markiert den Beginn dieser neuen Art, Theologie zu betreiben. Gutiérrez formuliert darin das Selbstverständnis und die Methode der Theologie der Befreiung in repräsentativer Form (siehe S. 26). Gutiérrez hat darüber hinaus wichtige Beiträge zu einer Spiritualität der Befreiung geleistet (vgl. vor allem Gutiérrez 1986). 1975 gründete Gutiérrez das Studienzentrum Bartolomé de las Casas, und 2001 trat er in den Dominikanerorden ein. Die praktische Basis seiner Theologie bildete stets sein Leben mit den Armen in den Elendsvierteln von Lima.

Franz J. Hinkelammert

Hinkelammert ist von seiner formalen Ausbildung her Ökonom und stammt aus Deutschland. Dennoch kann man ihn mit Fug und Recht als einen der bedeutendsten lateinamerikanischen Befreiungstheologen bezeichnen. Hinkelammert wurde 1932 in Emsdetten geboren, studierte Wirtschafswissenschaften und wurde mit einer grundlegenden Arbeit über die sowjetische Planwirtschaft von der FU Berlin zum Dr. rer. pol. promoviert. Anfang der Sechzigerjahre kam er im Auftrag der Konrad-Adenauer-Stiftung nach Chile, wo er an der katholischen Universität lehrte. Er nahm aktiv an den Auseinandersetzungen der christdemokratischen Partei teil, deren linker Flügel sich der „Unidad Popular" Salvador Allendes anschloss. Nach dem Wahlsieg Allendes wurde Hinkelammert zu einem wichtigen ökonomischen Berater der Regierung. Nach dem Militärputsch entging Hinkelammert seiner Verhaftung durch Flucht in die deutsche Botschaft, von wo er nach Deutschland zurückkehrte. Seit 1976 ist Hinkelammert wieder in Lateinamerika tätig. Er gehört zusammen mit Pablo Richard (S. 126) und Hugo Assmann (S. 117f.) zu den Gründern des Departamiento Ecuménico de Investigaciones in Costa Rica, einem interdisziplinär arbeitenden Forschungsinstitut, das zu einem bedeutenden „Think Tank" der Befreiungstheologie wurde. Hinkelammert arbeitete vor allem auf dem Gebiet der politischen Philosophie und Ideologiekritik. Er hat die gründlichste theoretische Auseinandersetzung mit den neoliberalen Wirtschaftstheoretikern (Hayek, Friedman) geleistet, aber auch mit den philosophischen Gewährsleuten anderer Formen des Liberalismus wie etwa Karl Popper, mit den Kommunitaristen, der Diskursethik und Denkern der Postmoderne (Lyotard). Obwohl Hinkelammert formal (!) nicht als Theologe ausgebildet wurde, hat er grundlegende Überlegungen zum wissenschaftstheoretischen Status und zur Methode der Theologie, zu zentralen theologischen Themen wie etwa der Auferstehungshoffnung in Auseinandersetzung mit der Marx'schen Religionskritik, zur Fetischismusanalyse und zu bibeltheologischen Themen geleistet. Als seine beiden Hauptwerke kann man die Bücher *Kritik der utopischen Vernunft* (siehe S. 99ff.) und *Die ideologischen Waffen des Todes* betrachten. Der deutschstämmige Hinkelammert schreibt übrigens ausschließlich auf Spanisch.

Jung Mo Sung

Der in Korea geborene Jung Mo Sung lebt seit 1966 in Brasilien. Er studierte Betriebswirtschaftslehre, Philosophie und Theologie, erwarb den Grad eines Magisters aus Moraltheologie und wurde im Fach Religionswissenschaften promoviert. Der Protestant Jung Mo Sung lehrt sowohl an der Päpstlichen Universität als auch an der Methodistischen Universität von São Paulo und ist somit eine wichtige Persönlichkeit im Bereich der Ökumene. Vor allem aber hat er sich auf das Verhältnis von Theologie und Ökonomie spezialisiert und hierzu grundlegende Veröffentlichungen vorgelegt, die bedauerlicherweise bislang noch nicht ins Deutsche übersetzt wurden (*Teologia e Economia, Idolatria do capital e a morte dos pobres, Experiência de Deus: ilusão ou realidade?, Deus numa economia sem coração, Desejo, mercado e religião,* etc.). Jung Mo Sung ist darüber hinaus ein wichtiger Berater für Volksbewegungen und Initiativen der Sozialpastoral, sowohl im katholischen als auch im protestantischen Raum.

Maria Clara Lucchetti Bingemer

Maria Clara Lucchetti Bingemer wurde 1949 in Rio de Janeiro geboren und empfing ihren Doktortitel in Systematischer Theologie von der Gregoriana in Rom, nachdem sie zunächst ein Studium der Kommunikationswissenschaften abgeschlossen hatte. Sie ist zurzeit Professorin für Theologie an der Päpstlichen Katholischen Universität (PUC) von Rio de Janeiro. Sie ist verheiratet, hat drei erwachsene Söhne und zwei Enkelinnen. Lucchetti Bingemer hat sich vor allem intensiv mit Mystik (etwa mit Simone Weil), mit der Tradition des Ordenslebens, mit Themen der Feministischen Theologie und mit der Mariologie beschäftigt. Beachtenswert sind ihre regelmäßigen Beiträge für die internationale theologische Zeitschrift *Concilium*.

Carlos Mesters

Der niederländische Karmelit Carlos Mesters wurde 1931 geboren, ist aber seit 1949 in Brasilien verwurzelt. Er ist promovierter Bibelwissenschaftler, hat unter anderem in Rom und Jerusalem studiert und wurde bald zum wichtigsten Impulsgeber und theologischen Begleiter einer Bibellektüre vom einfachen Volk in den Basisgemeinden her. Die Erfahrungen dieser Bibellektüre hat Mesters methodisch gründlich reflektiert. In seinen zahlreichen Büchern zur Bibellektüre und zu einzelnen biblischen Büchern macht er auch deutlich, welche Rückwirkungen die Bibellektüre des Volkes auf die wissenschaftliche Exegese hat.

José Míguez Bonino

Der 1924 in Santa Fe (Argentinien) geborene Methodist Míguez Bonino gehört zusammen mit Rubem Alves (S. 117) zu den wichtigsten Befreiungstheologen im protestantischen Raum. Er ist ordinierter Geistlicher der methodistischen Kirche und wurde am Union Theological Seminary in New York zum Dr. theol. promoviert. Danach arbeitete er als Pfarrer in Bolivien und Argentinien und als Universitätsprofessor (u.a. für Ethik) in Buenos Aires. Als Delegierter bei den Versammlungen des Weltkirchenrates kam ihm eine wichtige Vermittlerrolle für die Befreiungstheologie zu. Am Zweiten Vatikanischen Konzil nahm Míguez Bonino als Beobachter der methodistischen Kirche teil. In seinem Hauptwerk *Theologie im Kontext der Befreiung* durchleuchtet er aus der Perspektive der Befreiungstheologie kritisch die protestantische theologische Tradition und deren Grundannahmen. Dezidiert hält er etwa fest, dass es keinen direkten Weg von der Offenbarung zur Theologie gebe, sondern dass es stets der Vermittlung durch die gesellschaftspolitische Praxis bedarf.

Ronaldo Muñoz

Ronaldo Muñoz ist 1933 in Santiago de Chile geboren und ist Ordensmann. Er studierte zunächst Architektur und dann Theologie in Rom und Paris, wo er auch zum Dr. theol. promoviert wurde. Neben seiner Lehrtätigkeit an der katholischen Universität in Santiago de Chile war er auch Berater des lateinamerikanischen Bischofsrates (CELAM) sowie der Lateinamerikanischen Konföderation für die Ordensleute (CLAR) und Chefredakteur der bedeutenden Zeitschrift *Pastoral popular*. Das zentrale Thema ist für Muñoz die Ekklesiologie. Von Bedeutung ist seine in Regensburg verfasste Arbeit über *Das neue Bewusstsein der Kirche in Lateinamerika*. Ihm geht es vor allem darum, die Sendung der Kirche im Kontext einer konfliktiven Gesellschaft zu reflektieren.

Pablo Richard

Der 1939 in Chile geborene Pablo Richard erwarb sein Lizentiat in Theologie in Chile, das Lizentiat für Bibelwissenschaften am päpstlichen Bibelinstitut in Rom und wurde an der Pariser Sorbonne zum Dr. der Soziologie promoviert. Der katholische Priester engagierte sich in Chile zunächst aktiv in der Bewegung „Christen für den Sozialismus". Später ging er nach Costa Rica, wurde eines der Gründungsmitglieder des DEI (Departamiento Ecuménico de Investigaciones) und gehört auch der Studienkommission für die Kirchengeschichte Lateinamerikas an. Bedeutung erlangte Richard vor allem mit seinen exegetischen Arbeiten im Sinne der Befreiungstheologie, so etwa mit einem viel beachteten Kommentar zur Geheimen Offenbarung des Johannes.

Julio de Santa Ana

Der 1934 in Uruguay geborene Julio de Santa Ana gehört zu den führenden protestantischen Befreiungstheologen. Er hat die Theologie der Befreiung vor allem innerhalb des weltweiten Protestantismus vermittelt. Er studierte Theologie in Buenos Aires und Straßburg, wo er im Fach Religionswissenschaften promoviert wurde. Bedeutend ist vor allem seine Arbeit für ISAL (*Iglesia y Sociedad en América Latina* = Kirche und Gesellschaft in Lateinamerika), einer Organisation, die für die Entwicklung einer protestantischen Befreiungstheologie in Lateinamerika eine wichtige Rolle spielt. Mitte der Siebzigerjahre wurde er von der Militärdiktatur in Uruguay ins Exil gezwungen und war seither für den Ökumenischen Rat der Kirchen (ÖRK) in Genf tätig. Dort gründete er u. a. die CCPD (*Commission on Church's Participation in Development* = Kommission für kirchliche Entwicklungsarbeit), in deren Auftrag er 1976 nach Costa Rica reiste und dort zum Mitbegründer des DEI (Departamiento Ecuménico de Investigaciones) wurde, dem er bis heute eng verbunden ist.

Juan Luis Segundo

Juan Luis Segundo ist 1925 in Montevideo geboren und verstarb im Jahr 1996. Er war Mitglied der Gesellschaft Jesu (des Jesuitenordens). Er studierte Theologie und Philosophie in Argentinien, Löwen (Lizentiat aus Theologie) und Paris, wo er zum Dr. der Philosophie promoviert wurde. In Montevideo leitete er das Centro Pedro Fabro. Segundo gehört der ersten Generation der Befreiungstheologen an und hat viel zur Ausarbeitung und Klärung ihrer Methode beigetragen. Eine seiner bedeutendsten Veröffentlichungen ist eine umfangreiche Christologie unter dem Titel *El hombre de hoy ante Jesús de Nazaret*. Damit verbindet er die dezidierte Absicht, auch mit Atheisten einen Dialog darüber zu führen, was Jesus von Nazaret für das

Verständnis und die Verwirklichung von Menschsein heute bedeuten kann.

José Severino Croatto

Severino Croatto wurde 1930 in Argentinien geboren und ist ein renommierter Alttestamentler und Orientalist. Ab 1977 lehrte er Altes Testament und Hebräisch am ISEDET (Instituto Superior Evangélico de Estudios Teológicos) in Buenos Aires. Zunächst bildete der historische Kontext des Alten Testamentes seinen Forschungsschwerpunkt, wofür er sich intensiv mit Biblischer Archäologie, Geschichte des Alten Orients, semitischen Sprachen und Religionsgeschichte befasste. Als mehr und mehr die biblische Theologie in den Mittelpunkt seiner Interessen rückte, erkannte er bald die Notwendigkeit der Entwicklung einer befreiungstheologischen Hermeneutik (siehe S. 72 ff.), die er in zahlreichen Publikationen entfaltete und auch konkret (zum Beispiel in Form von Kommentaren zu Jesaja und zum Buch Genesis) durchführte.

Jon Sobrino

Der 1938 im spanischen Baskenland geborene Jon Sobrino lebt in El Salvador und gehört der Gesellschaft Jesu an. Er wurde zunächst zum Diplomingenieur ausgebildet und studierte Theologie in Frankfurt am Main, wo er auch zum Dr. theol. promoviert wurde. Er ist Professor der Theologie und Direktor des Zentrums Monseñor Romero an der Zentralamerikanischen Universität (UCA) in San Salvador. Dem Attentat im Jahr 1989, dem sechs seiner Mitbrüder (unter anderem Ignacio Ellacuría) und zwei Hausangestellte zum Opfer fielen, entkam er nur durch Zufall. Sobrinos Bedeutung für die Befreiungstheologie liegt vor allem in seinen grundlegenden christologischen Arbeiten. Seit Mitte der Siebzigerjahre bildet die Christologie seinen Forschungsschwerpunkt. Seine letzte große christologische Gesamtdarstellung liegt in zwei Bänden auch auf Deutsch vor (Ostfildern 2008). Zusammen mit Ignacio Ellacuría hat er das zweibändige Standardwerk zur Befreiungstheologie, *Mysterium Liberationis,* herausgegeben.

Elsa Tamez

Elsa Tamez wurde 1951 in Mexiko geboren, gehört der presbyterianischen Kirche an und studierte neben Theologie auch Literatur und Sprachwissenschaften. Zur Dr. theol. wurde sie 1990 in Lausanne promoviert. Fünfundzwanzig Jahre lang lehrte sie am lateinamerikanischen Bibelseminar in San José (Costa Rica). Sie ist daselbst auch Mitarbeiterin am Ökumenischen Forschungszentrum DEI und Beraterin für Übersetzungen der vereinigten Bibelgesellschaften. Tamez zählt zu den bedeutendsten BibelwissenschaftlerInnen im Sinne der Theologie der Befreiung. Von besonderer Bedeutung ist ihre auch ins Deutsche übersetzte bibeltheologische Studie zur paulinischen Rechtfertigungslehre, die sie aus befreiungstheologischer Sicht völlig neu interpretiert.

Raúl Vidales

Raúl Vidales wurde 1943 in Mexiko geboren. Er studierte Theologie und Soziologie in Mexiko, in den USA und in Rom. Als Professor am lateinamerikanischen Pastoralinstitut arbeitete er unter anderem mit Segundo Galilea, José Comblin und Enrique Dussel intensiv zusammen. Im Forschungszentrum Bartolomé de las Casas war er Mitarbeiter von Gustavo Gutiérrez und leitete dort die Abteilung „Befreiende Evangelisierung/Volksreligiosität“. Die Volksreligiosität bildet auch seinen Forschungsschwerpunkt insgesamt. Er analysierte sowohl deren befreiende Elemente als auch deren Indienstnahme durch das herrschende System.

Chronologie

Dieser Überblick über wichtige politische, kirchliche und theologische Ereignisse rund um die Befreiungstheologie kann natürlich nur sehr selektiv sein. Zur ausführlicheren Beschäftigung mit der Geschichte der Theologie der Befreiung sei verwiesen auf: Prien (Hg.) 1981; Prien 2007; Dussel 1988; Duchrow 2013.

1958: Angelo Giuseppe Roncalli wird zum Papst gewählt und nimmt den Namen Johannes XXIII. an. Kirchenpolitisch gelingt es ihm, die Frontstellungen des Kalten Krieges aufzuweichen. Er setzt mit seinem großen Enzykliken *Pacem in terris* und *Mater et Magistra* neue Akzente in der katholischen Soziallehre. Vor allem in letztgenannter Enzyklika nimmt er den aus der französischen Arbeiterjugend stammenden methodischen Dreischritt der Befreiungstheologie („Sehen, Urteilen, Handeln") vorweg und bewirkt damit eine Wende in der bislang am Naturrechtsdenken des 19. Jahrhunderts orientierten, deutschsprachig dominierten katholischen Soziallehre. Mit der Einberufung des Zweiten Vatikanischen Konzils leitet Johannes XXIII. eine neue Epoche der katholischen Kirchengeschichte ein.

1959: Im Januar wird in Kuba der Diktator General Batista gestürzt. Unter der Führung Fidel Castros verwirklicht Kuba in der Folge ein sozialistisches Gesellschaftsmodell, auf das sich viele oppositionelle Kräfte in Lateinamerika beziehen werden.

1962: Johannes XXIII. eröffnet in Rom das Zweite Vatikanische Konzil, das in mehrfacher Hinsicht die Entwicklung der Theologie der Befreiung ermöglicht, auch wenn deren Themen auf der offiziellen Konzilsagenda nur am Rand vorkommen: Die Pastoralkonstitution *Gaudium et spes* begründet ein solidarisches Weltverhältnis und ermutigt zur Identifizierung der „Zeichen der Zeit". Das hierarchische Kirchenmodell wird durch die Definition der Kirche als „Volk Gottes" stark relativiert und die Stellung der Laien in der Kirche gestärkt. Ein kollegiales Verständnis des Papstamtes stärkt die Stellung der einzelnen Ortskirchen gegenüber Rom und ermöglicht ihnen einen relativ eigenständigen Kurs.

1964: Das größte lateinamerikanische Land fällt unter Castelo Branco einem Militärputsch zum Opfer. Unter seinem Nachfolger A. da Costa e Silva nehmen ab 1967 repressive Maßnahmen, Misshandlungen, Folter und Ermordung von Oppositionellen zu. Der Repression fallen auch zahlreiche kirchliche Mitarbeiter, selbst Bischöfe, zum Opfer. Nicht zuletzt diese Erfahrung bewirkt, dass die brasilianische Bischofskonferenz (CNBB), die rein quantitativ ein starkes Gewicht innerhalb des lateinamerikanischen Episkopates besitzt, ein waches Bewusstsein für Politik und Ökonomie entwickelt und in den darauf folgenden Jahrzehnten eine Sozialpastoral im Sinne der Befreiungstheologie, die Entwicklung dieser Theologie selbst und die Basisgemeinden stark fördert. Die Franziskanerkardinäle Paulo Evaristo Arns und Aloisio Lorscheider werden zusammen mit zahlreichen anderen Bischöfen (u.a. Dom Hélder Câmara, Mauro Morelli, Erwin Kräutler, Pedro Casaldáliga usw.) zu entscheidenden Förderern der Befreiungstheologie, auch auf weltkirchlicher Ebene.

Der Militärputsch in Brasilien bildet den Auftakt zahlreicher Machtübernahmen des Militärs in Lateinamerika, die im Sinne der „Doktrin der nationalen Sicherheit" die sozialen Folgen der gescheiterten Entwicklungspolitik mit repressiven Mitteln unter Kontrolle halten will. Es folgen Guatemala (1965), Bolivien (1971), Uruguay (1973), Chile (1973), Peru (1975) und Argentinien (1976).

1965: Kurz vor dem offiziellen Ende des Zweiten Vatikanischen Konzils schließen etliche Konzilsteilnehmer, darunter auch lateinamerikanische Bischöfe wie etwa Dom Hélder Câmara, den *Katakombenpakt*, in dem sie sich zur Verwirklichung einer „dienenden und armen Kirche", zu einem glaubwürdigen persönlichen Lebensstil, zum Verzicht auf Privilegien und zur besonderen Hinwendung zu den Armen in der pastoralen Arbeit verpflichten.

1967–1969: Auf Initiative des damals in München studierenden Leonardo Boff hin finden in diesem Zeitraum mit Unterstützung des kirchlichen Hilfswerkes Adveniat Treffen von in Europa studierenden Brasilianern (Theologen, Soziologen, Ökonomen) im belgischen Garnstock statt. Ein prominenter Teilnehmer ist u. a. Hugo Assmann. Auf der Suche nach einer Theologie, die der lateinamerikanischen Situation gerecht wird, fand man hier die zentrale Kategorie der Befreiung, ohne zu wissen, dass Gustavo Gutiérrez unabhängig davon seit dem Jahr 1968 diesen Begriff verwandte.

1968: Der lateinamerikanische Episkopat führt seine *Zweite Generalversammlung* in *Medellín* (Kolumbien) durch, die zum Fanal für eine kirchliche Orientierung im Sinne der Befreiungstheologie werden sollte. Das Gegensatzpaar „Unterdrückung – umfassende Befreiung" löst die bis dahin übliche Redeweise von „Entwicklung" ab. Die soziale Situation in Lateinamerika wird einer klaren Analyse unterzogen und als „soziale Sünde" qualifiziert. Das Engagement der Kirche an der Seite der Armen und die seit Anfang der Sechzigerjahre aufblühenden Basisgemeinden werden ermutigt.

Im selben Jahr legt auch der protestantische Theologe Rubem Alves seine Dissertation unter dem Titel *Towards a Theology of Liberation* vor, der allerdings auf Wunsch des Verlags für die Veröffentlichung abgeändert wurde. Ein protestantischer Theologe kann also für sich in Anspruch nehmen, den Begriff zum ersten Mal verwendet zu haben.

1969: Gustavo Gutiérrez veröffentlicht für einen Dokumentationsdienst seine 66 Seiten umfassende Arbeit *Apuntes para una teologá de liberación*. Gutiérrez rezipiert darin vor allem die Dependenztheorie und versteht „Befreiung" vor allem in deren Sinn als Gegenkonzept zur Abhängigkeit. Im selben Jahr konnte Gutiérrez sein Konzept in Cartigny vor der vom Ökumenischen Weltrat der Kirchen und dem Vatikan getragenen Kommission für Gesellschaft, Entwicklung und Frieden unter dem Titel *Notes on Theology of Liberation* vortragen. Dies war der Beginn einer intensiven ökumenischen Rezeption der Befreiungstheologie weit über Lateinamerika hinaus.

Im gleichen Jahr bereiste Nelson Rockefeller, Gouverneur des Bundesstaates New York und späterer Vizepräsident der USA, im Auftrag von Präsident Nixon Lateinamerika. Im *Rockefeller Report on the Americas* zeigt er sich über die Linkswende des lateinamerikanischen Klerus höchst beunruhigt.

1970: In Bogotá findet ein *Symposium über Theologie der Befreiung* statt, an dem etwa fünfhundert Personen teilnehmen.

In Chile wird der Sozialist Salvador Allende, getragen vom breiten Bündnis der *Unidad popular*, dem sich auch ein großer Teil der Christdemokraten angeschlossen hat, zum Präsidenten gewählt und leitet alsbald eine beispielhafte Politik der Sozialreformen ein.

1971: Gustavo Gutiérrez veröffentlicht sein Buch *Teología de la liberación*, das bis heute als das Standardwerk der Befreiungstheologie gilt. Selbstverständnis, Methode und Grundkategorien der Theologie der Befreiung sind hier in repräsentativer Form dargestellt. Bereits zwei Jahre später erscheint das Buch in deutscher Übersetzung.

1972: In Santiago de Chile findet ein großer Kongress der *Christen für den Sozialismus* unter prominenter Beteiligung statt. Das Schlussdokument ist repräsentativ für das Selbstverständnis eines großen Teiles der gesellschaftspolitisch engagierten Christen des Kontinents.

Der lateinamerikanische Bischofsrat (CELAM), der bis dahin die Orientierung der Kirche im Sinne von Medellín aktiv mitgetragen hatte, wird unter dem neuen Generalsekretär Kardinal Alfonso Lopez Trujillo konservativ gewendet und ab nun zu einem strategischen Zentrum von Kampagnen gegen die Theologie der Befreiung.

1973: Mithilfe der CIA wird Salvador Allende gestürzt und ermordet bzw. in den Suizid getrieben. Unter General Augusto Pinochet wird eine grausame Militärdiktatur installiert, die vor allem ein neoliberales Wirtschaftsmodell im Sinne der School of Chicago durchsetzen soll.

1976: Gründung der Ökumenischen Vereinigung von Dritte-Welt-Theologen (Ecumenical Association of Third World Theologians = EATWOT). Damit wurde der befreiungstheologische Ansatz über Lateinamerika hinaus wirkungsvoll auch in Asien und Afrika verankert. In den letzten Jahren bildet die Suche nach einer interreligiösen planetarischen Befreiungstheologie den Schwerpunkt.

1977: In San José de Costa Rica nimmt das *Departamiento Ecuménico de Investigaciones (DEI)* seine Arbeit auf. Die Initiative hierfür ist wesentlich auf Hugo Assmann zurückzuführen. Das DEI ist ein interdisziplinäres, ökumenisches Forschungsinstitut und wurde im Lauf der Jahre zu einem der wichtigsten „think tanks" der Befreiungstheologie. Neben Hugo Assmann zählen etwa Franz Hinkelammert, Pablo Richard und Elsa Tamez zu den Mitgliedern.

1979: Nach einem Jahr Verzögerung (aufgrund von zwei Papstwahlen) findet in *Puebla* (Mexiko) die Dritte Generalversammlung des lateinamerikanischen Episkopates statt. Sie wird – trotz der inzwischen spürbaren innerkirchlichen Opposition – zu einer beeindruckenden Bestätigung des in Medellín eingeschlagenen Kurses. Bekräftigt werden vor allem die „vorrangige Option für die Armen" und das evangelisatorische Potenzial der Armen.

In Nicaragua wird Diktator Somoza von der Sandinistischen Nationalen Befreiungsfront (FSNL) gestürzt, die nachhaltige soziale Reformen einleitete. Es wurde allerdings bald exemplarisch der Riss deutlich, der durch die lateinamerikanische Kirche insgesamt ging. Während dem Kabinett des in freien Wahlen 1984 zum Präsidenten gewählten Daniel Ortega auch vier Priester angehören (unter anderem Ernesto Cardenal), wird der Erzbischof von Managua, Obando y Bravo, zu einem zentralen Sprachrohr der bürgerlichen Opposition.

1980: In San Salvador wird Erzbischof Oscar Arnulfo Romero, der sich vor allem in seinen berühmten Radiopredigten unerschrocken gegen die Gewalt des Militärs eingesetzt hatte, während des Gottesdienstes erschossen. Er gilt als einer der berühmtesten Blutzeugen einer Kirche im Sinne der Theologie der Befreiung.

In Brasilien kommt es unter der Führung der authentischen Gewerkschaftsbewegung CUT zu lang anhaltenden Streiks der Metallarbeiter in der Region um São Paulo. Die Streikbewegung ist unter anderem deshalb relativ erfolgreich, weil sie von zahlreichen Kirchlichen Basisgemeinden der Region und auch mit Mitgliedern der kirchlichen Hierarchie (z. B. Bischof Claudio Hummes) aktiv mitgetragen wird. Rückblickend sollten sich die Streiks von 1980 als Beginn einer Demokratisierungsbewegung erweisen, der es Ende der Achtzigerjahre schließlich gelang, die Militärdiktatur zu überwinden.

In Brasilien findet das Erste Lateinamerikanische Treffen Kirchlicher Basisgemeinden statt.

Das „Komitee von Santa Fe“ legt zum Amtsantritt Präsident Reagens Leitlinien für die US-amerikanische Außenpolitik vor. Darin wird auch zur aktiven Bekämpfung der lateinamerikanischen Befreiungstheologie aufgerufen.

1984: Unter ihrem neuen von Papst Johannes Paul II. ernannten Präfekten, Kardinal Joseph Ratzinger, veröffentlicht die Kongregation für die Glaubenslehre ihre Instruktion „Über einige Aspekte der Theologie der Befreiung“ (*Libertatis Nuntius*). Sie wird allgemein als pauschale Verurteilung der Befreiungstheologie verstanden. Der darin geäußerte Hauptvorwurf lautet, dass die Theologie der Befreiung unreflektiert marxistische Kategorien übernehme und damit den Glauben politisch-ideologisch zersetze. Ein Grundirrtum sei auch die „ausschließlich politische Bedeutung des Todes Christi (X,12) und der Rückgriff auf die „radikalsten Thesen der rationalistischen Exegese“ (X,8; vgl. VI,19). Auf persönliche Initiative Papst Johannes Pauls II. hin wird der Instruktion immerhin eine grundsätzliche Würdigung der Befreiungstheologie vorangestellt. Die Instruktion bildet den Auftakt einer aktiven Politik Roms gegen die Befreiungstheologie.

1985: Über einen der prominentesten Befreiungstheologen, Leonardo Boff, verhängt der Vatikan ein einjähriges „Bußschweigen“ (das heißt ein Publikations- und Vortragsverbot) als Disziplinarmaßnahme. Unmittelbarer Anlass ist sein kirchenkritisches Buch *Kirche: Charisma und Macht.*

1986: Anlässlich eines Ad-limina-Besuches führt Papst Johannes Paul II. drei Tage lang intensive Gespräche mit Vertretern der brasilianischen Bischofskonferenz. In einem Brief an die brasilianischen Bischöfe bezeichnet er die Theologie der Befreiung nicht nur als „opportun, sondern nützlich und notwendig“ und stellt sie in eine Linie mit den großen Etappen der Theologiegeschichte (Patristik, Scholastik, katholische Soziallehre …). Die Personalpolitik des Vatikans in den darauf folgenden Jahren widerspricht allerdings der in den Worten des Papstes zum Ausdruck kommenden Wertschätzung.

Im selben Jahr veröffentlicht die Glaubenskongregation eine weitere Instruktion „Über die christliche Freiheit und Befreiung“ (*Libertatis conscientia*). Sie enthält sich darin der in der Instruktion von 1984 erhobenen Vorwürfe, verfolgt aber die Intention, den Begriff „Befreiung" in ihrem Sinne zu definieren und ihn damit der sehr präzisen Bedeutung zu berauben, die er innerhalb der Theologie der Befreiung erhalten hat. Anerkannt wird immerhin, dass Freiheit und Befreiung zentrale Themen der biblischen Botschaft darstellen und dass die soteriologische Dimension (Erlösung von Sünde und Tod) notwendig die Befreiung von konkreten Unheilserfahrungen (Hunger, Elend, politische Unterdrückung, ökonomische Ausbeutung) einschließe. Die untrennbare Einheit von Gottes- und Nächstenliebe habe einen unauflöslichen Bezug zur Gerechtigkeit, die Sünde wirke sich bis in ungerechte soziale Strukturen hinein aus. Eine klare Bestätigung erfährt die vorrangige Option für die Armen. Die Basisgemeinden werden als „ein Motiv großer Hoffnung" für die Kirche bezeichnet. Einige Passagen setzen die Dependenztheorie voraus.

1987: Das seit 1960 jährlich durchgeführte Geheimtreffen von lateinamerikanischen und US-Militärs zur Verabredung gemeinsamer Strategien, Ausbildungshilfen etc. findet in diesem Jahr im argentinischen Mar del Plata statt. Die Schlussdokumente werden einer Menschenrechtsgruppe zugespielt und gelangen so an die Öffentlichkeit. Im Zusammenhang einer Strategie niedrigschwelliger Kriegsführung („low intensity warfar") wird neben Menschenrechtsgruppen, kirchlichen Hilfswerken etc. auch die Theologie der Befreiung als zu bekämpfender Gegner ausgemacht. Die sehr detaillierten Ausführungen verraten kirchliches Insiderwissen.

1988: Das „Komitee von Santa Fe" legt anlässlich des Amtsantrittes von Präsident Bush sen. erneut ein Dokument mit außenpolitischen Orientierungen für den neuen Präsidenten vor. Wiederum wird die Befreiungstheologie entsprechend gewürdigt und unter anderem als Feind „des Papstes und des freien Unternehmertums" identifiziert.

1989: An der Jesuitenuniversiät von San Salvador fallen sechs Jesuiten und zwei Hausangestellte einem Massaker zum Opfer. Unter ihnen ist der profilierte Befreiungstheologe Ignacio Ellacuría.

1992: In *Santo Domingo* findet die Vierte Generalversammlung der Bischöfe Lateinamerikas und der Karibik statt. Sie dokumentiert in vieler Hinsicht eine Abkehr von dem in Medellín eingeschlagenen Kurs. Der in Medellín propagierte methodische Dreischritt von Sehen, Urteilen und Handeln wird im Schlussdokument ausdrücklich verboten! Das Datum der Versammlung fällt mit dem 500-Jahr-Gedenken der Eroberung Lateinamerikas zusammen. Man versäumte jedoch ein echtes Schuldbekenntnis der Kirche angesichts ihrer Beteiligung an der Conquista. (Zur umfassenden Bewertung vgl. Arntz [Hg.] 1993).

2005: Seit dem Jahr 2001 versammeln sich globalisierungskritische Menschen und Organisationen jährlich zum Weltsozialforum, einer Gegenveranstaltung zu den Treffen der Welthandelsorganisation. Seit dem Jahr 2005 findet in diesem Rahmen auch das *Weltforum für Theologie und Befreiung* statt.

2007: In *Aparecida* findet die Fünfte Generalversammlung der Bischöfe Lateinamerikas und der Karibik statt. Es wurde dabei wieder stärker an das Erbe von Medellín angeknüpft. Die Methode „Sehen – Urteilen – Handeln" wird ausdrücklich bekräftigt, und auch die „vorrangige Option für die Armen" wird erneut eindrucksvoll bestätigt. Die konkreten Aussagen zu Ökonomie und Politik – etwa zur Globalisierung – bleiben allerdings vage.

2009: Zusammen mit dem kanadischen Ökologen Marc Hathaway veröffentlicht Leonardo Boff mit *Tao of Liberation* das umfassende Standardwerk einer Ökotheologie der Befreiung. Das Buch wurde in den USA mit dem Golden Nautilus Award ausgezeichnet und markiert eine neue Etappe in der Entwicklung der Befreiungstheologie.

2012: Die Initiative Amerindia führt in Brasilien einen lateinamerikaweiten fünftägigen Kongress zur Theologie der Befreiung durch, der durch mehrere Regionaltagungen vorbereitet wurde. Die Befreiungstheologen der ersten und zweiten Generation, die stark und prominent vertreten waren, reflektierten zusammen mit der jungen Theologengeneration die neue Situation für die Theologie.

Literatur

Bücher, die als Standardwerke gelten können, sind zur besseren Orientierung kursiv hervorgehoben.

Almeida Cunha, Rogerio de, Art.: Armut – aus der Sicht der Theologie der Befreiung, in: Eicher (Hg.) 1985, Bd. 1, 37–61.

Alves, Rubem, Ich glaube an die Auferstehung des Leibes. Meditationen, Düsseldorf 1983.

Alves, Rubem, Theology of Human Hope, Washington 1969.

Arnold, Franz Xaver (Hg.), Handbuch Pastoraltheologie. Praktische Theologie der Kirche in der Gegenwart, Bde. 1–4, Freiburg i. Br. 1964–1969.

Arntz, Norbert (Hg.), Retten, was zu retten ist? Die Bischofsversammlung in Santo Domingo zwischen prophetischem Freimut und ideologischem Zwang, Luzern 1993.

Assmann, Hugo, Teología desde la praxis de la liberación. Ensayo teológico desde la América dependiente, Salamanca 1976.

Assmann, Hugo/Hinkelammert, Franz J., Götze Markt (Bibliothek Theologie der Befreiung), Düsseldorf 1992.

Assmann, Hugo, u. a. (Hg.), Die Götzen der Unterdrückung und der befreiende Gott, Münster 1984.

Auer, Alfons, Umweltethik. Ein theologischer Beitrag zur ökologischen Diskussion, Düsseldorf 1984.

Bispos do Centro-Oueste, Marginalização de um Povo, in: SEDOC 69 (1974), 993–1021.

Boff, Clodovis, Die Befreiung der Armen. Reflexionen zum Grundanliegen der lateinamerikanischen Befreiungstheologie, Fribourg 1986.

Boff, Clodovis, Mit den Füßen am Boden. Theologie aus dem Leben des Volkes, Düsseldorf 1986.

Boff, Clodovis, Theologie und Praxis. Die erkenntnistheoretischen Grundlagen der Theologie der Befreiung, München 1983.

Boff, Clodovis/Pixley, Jorge, Die Option für die Armen (Bibliothek Theologie der Befreiung), Düsseldorf 1987.

Boff, Leonardo, Aus dem Tal der Tränen ins gelobte Land. Der Weg der Kirche mit den Unterdrückten, Düsseldorf 1982.

Boff, Leonardo, In ihm hat alles Bestand. Der kosmische Christus und die Naturwissenschaften, Kevelaer 2013.

Boff, Leonardo, Jesus Christus, der Befreier, Freiburg i. Br. [3]1989.

Boff, Leonardo, Kirche: Charisma und Macht. Studien zu einer streitbaren Ekklesiologie, Gütersloh 2010.

Boff, Leonardo, Die Kirche neu erfinden, Ostfildern 2011.

Boff, Leonardo, Zukunft für Mutter Erde. Warum wir als Krone der Schöpfung abdanken müssen, München 2012.

Boff, Leonardo/Boff, Clodovis, Wie treibt man Theologie der Befreiung?, Düsseldorf 1986.

Boff, Leonardo/Kern, Bruno/Müller, Andreas, Werkbuch Theologie der Befreiung. Anliegen – Streitpunkte – Personen, Düsseldorf 1988.

Bordin, Luigi, O Marxismo e a Teologia da Libertação, Rio de Janeiro 1987.

Bundesverband der Katholischen Arbeitnehmer-Bewegung Deutschlands (Hg.), Texte zur katholischen Soziallehre. Die sozialen Rundschreiben der Päpste und andere kirchliche Dokumente, Köln [5]1982.

Castillo, Fernando, Das Evangelium gestattet keine Resignation. Erfahrungen, Reflexionen und Anstöße aus der Basiskirche in Chile, Fribourg 1988.

Comblin, José, Der Heilige Geist. Gott, der sein Volk befreit, Düsseldorf 1991.

Croatto, Severino, Befreiung und Freiheit. Biblische Hermeneutik für die „Theologie der Befreiung", in: Prien (Hg.) 1981, 39–59.

Croatto, Severino, Die Bibel gehört den Armen. Perspektiven einer befreiungstheologischen Hermeneutik (Ökumenische Existenz heute, 5), München 1989.

Drewermann, Eugen, Der tödliche Fortschritt. Von der Zerstörung der Erde und des Menschen im Erbe des Christentums, Regensburg 1981.

Duchrow, Ulrich, Weltwirtschaft heute – Ein Feld für bekennende Kirche?, München 1986.

Duchrow, Ulrich, Gieriges Geld. Auswege aus der Kapitalismusfalle. Befreiungstheologische Perspektiven, München 2013.

Duchrow, Ulrich/Hippler, Jochen/Eisenbürger, Gert (Hg.), Totaler Krieg gegen die Armen. Geheime Strategiepapiere der amerikanischen Militärs, München 1989.

Dussel, Enrique, Ética de la liberación en la edad de la globalización y de la exclusión, Madrid 1998.

Dussel, Enrique, Ethik der Gemeinschaft (Bibliothek Theologie der Befreiung), Düsseldorf 1988.

Dussel, Enrique, Die Geschichte der Kirche in Lateinamerika, Mainz 1988.

Dussel, Enrique, Herrschaft und Befreiung. Ansatz, Stationen und Themen einer lateinamerikanischen Theologie der Befreiung, Fribourg 1985.

Dussel, Enrique, Las metáforas teológicas de Marx, Estella 1993.

Dussel, Enrique, Philosophy of Liberation, New York 1985.

Dussel, Enrique, Religión, Mexiko 1977.

Eicher, Peter (Hg.), Neues Handbuch theologischer Grundbegriffe, Bde. 1–4, München 1985.

Ellacuría, Ignacio, Conversión de la Iglesia al reino de Dios, San Salvador 1985.

Ellacuría, Ignacio, Das gekreuzigte Volk, in: ders./Sobrino (Hg.) 1995, Bd. 2, 823–850.

Ellacuría, Ignacio/Sobrino, Jon (Hg.), Mysterium Liberationis. Grundbegriffe der Theologie der Befreiung, 2 Bde., Luzern 1995.

Die Erdcharta. Deutsche Übersetzung hg. von Ökumenische Initiative Eine Welt und BUND, Diemelstadt-Wethen 2001.

Evangelii nuntiandi, in: Katholische Arbeitnehmer-Bewegung Deutschlands (Hg.) [5]1982, 549–558.

Fink, Ilsegret/Hildebrandt, Cornelia (Hg.), Kämpfe für eine solidarische Welt. Theologie der Befreiung und demokratischer Sozialismus im Dialog (Rosa Luxemburg Stiftung, Papers), Berlin 2010.

Fornet-Betancourt, Raúl (Hg.), Befreiungstheologie: Kritischer Rückblick und Perspektiven für die Zukunft, 3 Bde., Mainz 1997.

Fornet-Betancourt, Raúl (Hg.), Diskursethik oder Befreiungsethik?, Aachen 1992.

Freire, Paulo, Pädagogik der Unterdrückten. Bildung als Praxis der Freiheit, Reinbek 1973.

Füssel, Kuno, u.a. (Hg.), „... in euren Häusern liegt das geraubte Gut der Armen. Ökonomisch-theologische Beiträge zur Verschuldungskrise, Fribourg 1989.

Füssel, Kuno, Art.: Theologie der Befreiung, in: Eicher (Hg.) 1985, Bd. 4, 200–211.

Furger, Franz (Hg.), Katholische Soziallehre in neuen Zusammenhängen, Einsiedeln 1985.

Gaudium et spes (Pastoralkonstitution), in: Katholische Arbeitnehmer-Bewegung Deutschlands (Hg.) [5]1982, 321–425.

Goldstein, Horst, Leonardo Boff. Zwischen Poesie und Politik (Theologische Profile), Mainz 1994.

Gonzáles Faus, Ignacio, Hacer teologia y hacerse teologia, in: Verschiedene, Vida y reflexión. Aportes de la teología de la liberación al pensamiento teológico actual, Lima 1983.

Gutiérrez, Gustavo, Aus der eigenen Quelle trinken. Spiritualität der Befreiung, München/Mainz 1986.

Gutiérrez, Gustavo, Die Gewalt eines Systems, in: Concilium 16/12 (Dezember 1980), 734–740.

Gutiérrez, Gustavo, Die historische Macht der Armen, München/Mainz 1984.

Gutiérrez, Gustavo, Theologie der Befreiung, 10., erweiterte und neu bearbeitete Auflage, Mainz 1992.

Gutiérrez, Gustavo, Theologie und Sozialwissenschaften. Eine Ortsbestimmung, in: Rottländer (Hg.) 1986, 45–75.

Habermas, Jürgen, Erkenntnis und Interesse, Frankfurt a.M. 1979.

Haslinger, Herbert (Hg.), Handbuch Praktische Theologie, Bd. 2: Durchführungen, Mainz 2000.

Hathaway, Marc/Boff, Leonardo, The Tao of Liberation. Exploring the Ecology of Transformation, Maryknoll 2009.

Hinkelammert, Franz J., Der Glaube Abrahams und der Ödipus des Westens. Opfermythen im christlichen Abendland, Münster 1989.

Hinkelammert, Franz J., Die ideologischen Waffen des Todes. Zur Metaphysik des Kapitalismus, Fribourg/Münster 1985.

Hinkelammert, Franz J., Kritik der politischen Ökonomie, Religionskritik und Humanismus der Praxis, in: Fink/Hildebrandt (Hg.) 2010, 54–65.

Hinkelammert, Franz J., Kritik der utopischen Vernunft. Eine Auseinandersetzung mit den Hauptströmungen der modernen Gesellschaftstheorie, Luzern/Mainz 1994.

Hinkelammert, Franz J., Kultur der Hoffnung. Für eine Gesellschaft ohne Ausgrenzung und Naturzerstörung, Luzern/Mainz 1999.

Hinkelammert, Franz J., Luzifer und die Bestie. Eine fundamentale Kritik jeder Opferideologie, Luzern 2009.

Hinkelammert, Franz J., Der Schrei des Subjekts. Vom Welttheater des Johannesevangeliums zu den Hundejahren der Globalisierung, Luzern 2001.

Horkheimer, Max, Traditionelle und kritische Theorie. Vier Aufsätze, Frankfurt a.M. 1980.

Johannes Paul II., „Die Herausforderung annehmen“. Ein Brief des Papstes an die brasilianische Bischofskonferenz, in: Herder Korrespondenz 40 (1986), 277–282.

Kern, Bruno, Konkretion: Wirtschaft und Ökologie, in: Haslinger (Hg.) 2000, 363–378.

Kern, Bruno, Theologie im Horizont des Marxismus. Zur Geschichte der Marxismusrezeption in der lateinamerikanischen Theologie der Befreiung, Mainz 1992.

Kessler, Hans, Reduzierte Erlösung? Zum Erlösungsverständnis der Befreiungstheologie, Freiburg i.Br. 1987.

Kroh, Werner, Katholische Soziallehre am Scheideweg, in: Furger, Franz (Hg.), 1985.

Kroh, Werner, Kirche im gesellschaftlichen Widerspruch. Zur Verständigung von katholischer Soziallehre und politischer Theologie, München 1982.

Lois, Julio, Christologie in der Theologie der Befreiung, in: Ellacuría/Sobrino (Hg.) 1995, Bd. 1, 213–241.

Marx, Karl, Ausgewählte Schriften, Bd. 2, Moskau 1934.

Marx, Karl, Grundrisse der Kritik der politischen Ökonomie (Rohentwurf), Berlin 1974.

Marx, Karl/Engels, Friedrich, Werke (hg. vom Institut für Marxismus-Leninismus beim ZK der SED), Bde. 1–39, 2 Erg.-Bde., Berlin 1956ff (zitiert als MEW mit entsprechender Bandzahl).

Mater et Magistra (Enzyklika), in: Katholische Arbeitnehmer-Bewegung Deutschlands (Hg.) ^{5}1982, 201–270.

Mesters, Carlos, Die Botschaft des leidenden Volkes, Neukirchen-Vluyn 1982.

Mesters, Carlos, Sechs Tage in den Kellern der Menschheit, Neukirchen-Vluyn 1982.

Mesters, Carlos, Uma flor sem defesa. A leitura popular da Biblia, Petrópolis 1983 (a).

Mesters, Carlos, Vom Leben zur Bibel – Von der Bibel zum Leben. Ein Bibelkurs aus Brasilien für uns, 2 Bde., Mainz 1983.

Metz, Johann Baptist, Glaube in Geschichte und Gesellschaft. Studien zu einer praktischen Fundamentaltheologie, Mainz 1977.

Metz, Johann Baptist, Zum Begriff der neuen Politischen Theologie, 1967–1997, Mainz 1997.

Metz, Johann Baptist, Zur Theologie der Welt, Mainz 1968.

Míguez Bonino, José, Theologie im Kontext der Befreiung, Göttingen 1977.

Moltmann, Jürgen, Gott in der Schöpfung. Ökologische Schöpfungslehre, München ^{2}1985.

Moltmann, Jürgen, Politische Theologie – Politische Ethik, München 1984.

Moltmann, Jürgen, Theologie der Hoffnung, München 1980.

Nohlen, Dieter/Nuscheler, Franz (Hg.), Handbuch der Dritten Welt, Bd. 1: Grundprobleme – Theorien – Strategien, Bonn 1993.

ONIS, Propriedad privada y nueva sociedad, in: Expreso, Lima, 17.8.1970.

Peter, Anton, Enrique Dussel. Offenbarung Gottes im Anderen (Theologische Profile), Mainz ^{2}2001.

Peukert, Helmut, Wissenschaftstheorie – Handlungstheorie – fundamentale Theologie. Analysen zu Ansatz und Status theologischer Theoriebildung, Frankfurt a.M. 1976.

Pixley, Jorge, Gott richtet die Götzendiener in der Geschichte in: Assmann u.a. (Hg.) 1984, 39–62.

Prien, Hans-Jürgen, Das Christentum in Lateinamerika (Kirchengeschichte in Einzeldarstellungen, Bd. 4/6), Leipzig 2007.

Prien, Hans-Jürgen (Hg.), Lateinamerika: Gesellschaft – Kirche – Theologie, 2 Bde., Göttingen 1981.

Rahner, Karl (Hg.), Befreiende Theologie, Stuttgart 1977.

Rahner, Karl, Geist in Welt. Zur Metaphysik der endlichen Erkenntnis bei Thomas von Aquin, München 1964.

Rahner, Karl, Grundsätzliches zur Einheit von Schöpfungs- und Erlösungswirklichkeit, in: Arnold (Hg.) 1964–1969, Bd. 2/2, 203–239.

Rahner, Karl, Hörer des Wortes. Zur Grundlegung einer Religionsphilosophie, München 1969.

Rahner, Karl, Natur und Gnade, in: ders., Schriften zur Theologie, Bd. 4, Einsiedeln 1960, 209–236.

Rahner, Karl, Theologie und Anthropologie, in: ders., Schriften zur Theologie, Bd. 8, Einsiedeln 1967, 43–61.

Rahner, Karl, Über das Verhältnis von Natur und Gnade, in: ders., Schriften zur Theologie, Bd. 1, Einsiedeln 1958, 51–99.

Rahner, Karl, Über die Einheit von Nächsten- und Gottesliebe, in: ders., Schriften zur Theologie, Bd. 6, Einsiedeln 1965, 277–308.

Rahner, Karl, Weltgeschichte und Heilsgeschichte, in: ders., Schriften zur Theologie, Bd. 5, Einsiedeln 1962, 115–135.

Richard, Pablo, Apokalypse. Das Buch von Hoffnung und Widerstand. Ein Kommentar, Luzern 1996.

Richard, Pablo, Leitura popular da Bíblia na América Latina. Hermeneutica da libertação, in: Revista de interpretação bíblica 1 (1988), 8–25.

Richard, Pablo, Unser Kampf richtet sich gegen die Götzen. Biblische Theologie, in: Assmann u. a. (Hg.) 1984, 11–38.

Richard, Pablo/Torres, E., Cristianismo, lucha ideologica y racionalidad socialista, Salamanca 1975.

Rottländer, Peter (Hg.), Theologie der Befreiung und Marxismus, Münster 1986.

Santos, Theotonio dos, Über die Struktur der Abhängigkeit, in: Senghaas (Hg.) 1972, 243–257.

Schillebeeckx, Edward, Glaubensinterpretation. Beiträge zu einer hermeneutischen und kritischen Theologie, Mainz 1971.

Schottroff, Luise/Stegemann, Wolfgang, Jesus von Nazareth – Hoffnung der Armen, Stuttgart [3]1990.

Segundo, Juan Luis, Die Option zwischen Kapitalismus und Sozialismus als theologische Crux, in: Concilium 10/6-7 (Juni–Juli 1974), 434–443.

Senghaas, Dieter (Hg.), Imperialismus und strukturelle Gewalt, Frankfurt a. M. 1972.

Sekretariat der Deutschen Bischofskonferenz (Hg.), Aparecida 2007. Schlussdokument der 5. Generalversammlung des Episkopats Lateinamerikas und der Karibik (Stimmen der Weltkirche, 41), Bonn 2007.

Sekretariat der Deutschen Bischofskonferenz (Hg.), Die Kirche Lateinamerikas. Dokumente der II. und III. Generalversammlung des lateinamerikanischen Episkopates in Medellín und Puebla (Stimmen der Weltkirche, 8), Bonn 1979.

Sekretariat der Deutschen Bischofskonferenz (Hg.), Libertatis conscientia. Instruktion der Kongregation für die Glaubenslehre über die christliche Freiheit und Befreiung (Verlautbarungen des Apostolischen Stuhls, 70), Bonn 1986.

Sekretariat der Deutschen Bischofskonferenz (Hg.), Libertatis Nuntius. Instruktion der Kongregation für die Glaubenslehre „Über einige Aspekte der ‚Theologie der Befreiung'" (Verlautbarungen des Apostolischen Stuhls, 57), Bonn 1984.

Sobrino, Jon, Christologie der Befreiung, Ostfildern 2008.
Sobrino, Jon, Der Glaube an Jesus Christus. Eine Christologie aus der Perspektive der Opfer, Ostfildern 2008.
Sobrino, Jon, Der Gott des Lebens wird sichtbar bei Jesus von Nazareth, in: Assmann u.a. (Hg.) 1984, 63–110.
Sobrino, Jon, Jesús en América Latina. Su significado para la fe y la cristología, San Salvador 1982.
Sobrino, Jon, Liberación con espíritu. Apuntes para una nueva espiridualidad, El Salvador 1987.
Sobrino, Jon, Systematische Christologie: Jesus, der absolute Mittler des Reiches Gottes, in: Ellacuría/Sobrino 1995, Bd. 2, 567–591.
Sobrino, Jon, Teología de la liberación y teología europea progresista, in: misión abierta 4 (1984 [a]), 395–410.
Sölle, Dorothee, Politische Theologie, Stuttgart 1982.
Susin, Luis Carlos/Sobrino, Jon, Ein Weiser und Prophet: José Comblin (1923–2011), in: Concilium 47/4 (Oktober 2011), 466–471.
Tamez, Elsa, Gegen die Verurteilung zum Tod. Paulus oder die Rechtfertigung durch den Glauben aus der Perspektive der Unterdrückten und Ausgeschlossenen, Luzern 1998.
Vanderhoff, F., Muerte y resurrección de Jesús y práctica de los cristianos, in: Christus 4996/497 (1977), 26 ff.
Vitoria, F. J., Todavía la salvación cristiana?, Bd. 1, Bilbao 1986.
Weber, Max, Wirtschaft und Gesellschaft, Tübingen 1972.